21 DÍAS PARA REDISEÑAR TU VIDA

Dedico a mi gran compañera de vida Judhitt Torres por el gran apoyo incondicional, a mi hija Sophia por mi gran inspiración y a todas las personas que se están dando la oportunidad de rediseñar su vida.

ÍNDICE

INTRODUCCION…………………………………….	06
DÍA 1 LAS 4 FORMAS DE SOBREVIVIR ………………	16
DÍA 2 VIVIR UNA MENTIRA…………………………….	31
DÍA 3 RECONOCIENDO MIS PARADIGMAS………….	40
DÍA 4 HACIENDOME CARGO DE MI VIDA…………...	46
DÍA 5 CAMBIANDO LA INTERPRETACIÓN DE LOSHECHOS…………………………………………….	
LAS 5 HERIDAS EMOCIONALES ………………………	51
DIA 6 HERIDA DE TRAICION………………………….	65
DIA 7 SANADO LA HERIDA AVANDONO…………….	69
DÍA 8 SANANDO LA HERIDA DE RECHAZO …………	74
DÍA 9 SANANDO LA HERIDA DE INJUSTICIA ……….	78
DÍA 10 SANANDO LA HERIDA DE HUMILLACIÓN……	78
DÍA 11 MÉTODO DEL PERDÓN……………………….	81
DÍA 12 SANANDO A MI NIÑO INTERIOR…………….	86
DÍA 13 SANANDO CON PAPÁ…………………………	93
DÍA 14 SANANDO CON MAMÁ……………………….	100
DIA 15 EL QUE DÍRAN …………………………………	106
DÍA 16 DEJAR IR ES UN ACTO DE AMOR…………….	109
DÍA 17 HERRAMIENTAS PARA TRABAJAR EL APEGO	112
DÍA 18 SANACIÓN CON EL CREADOR DEL UNIVERSO.	119
DÍA 19 EL PODER DE LA PALABRA……………………	122
DÍA 2O DIA DE LA CONFIANZA……………………….	130
Día 21 ROMPE LÍMITES Y ENFRENTA TUS MIEDOS…	134

INTRODUCCIÓN

Permíteme felicitarte por ser una persona de carácter en apostar por ti y empezar un rediseño profundo en tu vida, base principal para construir nuevos resultados.

Recuerda despertar tu conciencia significa: Dejar el papel de víctima de seguirte contando la misma historia y asumir el 100% la responsabilidad de tus frutos. Aceptando que todos los hechos que te manda la vida son perfecto y necesario para tu propia evolución de tu conciencia para acercarte al amor y tu verdad. Además, que si tú eliges empezar tu rediseño de tu vida habrá precios que tienes que estar dispuesto a pagar para lograr transformar tus resultados.

Todos somos libres y abundantes desde esencia, sim embargo la vida nos fue moldeando formas de ser que lo hemos tomado como verdad absoluta y esa personalidad nos hace personas infelices, entonces lo que aremos es conectarnos con las formas de ser que si funcionan para crear resultados deseados. Empezando por liberarnos de todas esas emociones reprimidas hasta lograr gestionar nuestras emociones para tomar nuevas decisiones. Llego el momento de mi nuevo despertar de conciencia.

OBJETIVO

Consiste en recuperar tu fuerza interior y tu verdadera identidad entendiendo que eres una escultura perfecta creada por Dios para ser, hacer y tener los frutos satisfactorios te autoconozcas a un nivel profundo, te aceptes, te valores y seas tu el que se llene de amor propio y desde ese poder decidas compartir ese llamado al servicio de los demás.

ENEMIGOS DEL EPRENDISAJE QUE PUEDEN DETENER TU TRANSFORMACIÓN

- Permitir que te roben la energía vital
- Centrarte en los problemas no en las soluciones
- No darte un tiempo para ti sin saber que tú eres la pieza clave.
- La arrogancia
- Lucir bien de no ser sincero contigo mismo
- La baja capacidad de aprender y baja adaptabilidad de la información
- Luchar por tener la razón y no discernir con empatía
- La ceguera, acerca de la propia incompetencia.
- El miedo, a declarar ignorancia.
- La vergüenza, de mostrar incompetencia.
- La tentación, de considerarse una víctima.
- El orgullo, que impide pedir ayuda e instrucción.
- La arrogancia, de creer o pretender que uno "ya sabe".
- La pereza, para practicar con diligencia cada ejercicio.
- La impaciencia, por acceder a la gratificación inmediata.
- La desconfianza, en el instructor o en uno mismo.
- El enojo y la confusión.
- Muchas veces el aprendiz no entiende la razón de ciertos ejercicios o prácticas.

No luches con tu mente, solo muestra tu verdadera identidad como el niño o la niña que eres pura.

¡DESCUBRE DONDE ESTÁ LO QUE BUSCAS!

Lo que buscas dentro de ti ya lo tienes dentro de ti ya está esa persona MARAVILLOSA, ABUNDANTE, FELIZ, SALUDABLE ya lo tienes lo único que requerimos es limpiar todo lo que alrededor lo bloquea tu conexión con tu ser excepcional con tu ser extraordinario CON TU MEJOR VERSIÓN no hay nada roto en ti, no hay nada que te falte YA LO TIENES TODO YA ERES TODO eres amor, eres perfección eres un líder extraordinaria que vino a este mundo para servir deja de distraerte con la voz del ego, que dice todavía no es tiempo tal vez mañana no estoy listo no estoy lista es muy caro es muy tarde PORQUE EL EGO QUIERE ARREBATARTE el momento presente el ego quieres mantenerte sufriendo en el pasado temiendo el futuro.

Allá afuera las personas mueren diariamente porque no tienen tus regalos, es momento de compartir lo que Dios ha colocado en tu corazón vívelo, hónralo y entrégalo, te amo que Dios y el universo te bendiga hoy y siempre manifiesto conocerte campeón (a) muy pronto.

3 PUNTOS CLAVE PARA LOGRAR TU NUEVO DESPERTAR DE CONCIENCIA (Limpiando terreno)

Cuando mi padre sembraba empezaba por limpiar el terreno, prepararlo para que pueda tener los nutrientes necesarios para de buenos frutos (limpiaba, quemaba, araba la tierra, lo abonaba y sembraba)

Para trabajar en tu vida y lograr un rediseño se requiere 3 puntos que tomes en cuenta antes de empezar tu viaje.

Todos somos libres y abundantes desde esencia, sim embargo la vida nos fue moldeando formas de ser que lo hemos tomado como verdad absoluta y esa personalidad nos hace personas infelices, entonces lo que aremos es liberarnos de todas esas emociones reprimidas para poder gestionar nuestras emociones y construir una vida nueva.
TRANSFORMAR VS CAMBIAR

El cambio sucede a nivel del hacer, la transformación sucede a nivel del ser

Cada día tienes la oportunidad de transformar tu vida, creando conscientemente nuevas formas de SER que sí funcionen para HACER cosas diferentes y consecuentemente TENER resultados diferentes.
No basta con HACER cosas diferentes, necesitamos, primero, SER diferentes...
Entonces no nos enfoquemos solo en el HACER (esto es cambio) Vamos a dar prioridad al SER (esto es transformación)
Lo que niegas te somete a sufrimiento, lo que aceptas desde el SER te transforma.

Ahora tú que eliges a partir de hoy.

ASÍ COMO HACES UNA, COSA HACES TODO" Antes de empezar con todo el contenido de este desafío, te manifiesto lo siguiente nada pasará si no cuidas tu energía vital y si no te comprometes a un nivel 5 (voy hacer lo que tenga que hacer tenga ganas o no) van a ver días que vas querer tirar la toalla, ahí es donde recién nace tu compromiso nivel 5.Las personas se pasan todo el días regando energía por todos lados, porque no son concientes que con energía se realizan todas las cosas más aun si estas decidido en trabajar en ti. Luego dicen no tengo energía para leer, para trabajar en mi, concentrarme. Hoy te compartiré un ejercicio para que sepas en que grado de energía tienes y recargarte de energía y como cuidar tu energía vital, porque si no la tienes a un nivel óptimo nada de lo que aprendas en este desafio lo vas a poner el práctica y si no hay práctica no APRENDISAJE.

Para lograr grandes cambios en la vida elige cuidar tu energía vital que nace en de tu interior.

Hemos puesto 6 nombres y las hemos calificado del 1 al 10 cuanto de energía le dan a Jesús, las personas que más pasa sus días (pareja, familiares, amigos y compañeros de trabajo)

Y que hago mis padres y hermanos me roban mucha energía, no puedes tú decirles que se vayan de la casa, lo único que te queda es independizarte y hacer una vida nueva. Tú ahí podrás tener el control de tu energía. Tú eliges cuidar con que persona elegías pasar tu tiempo y recargarte de energía.

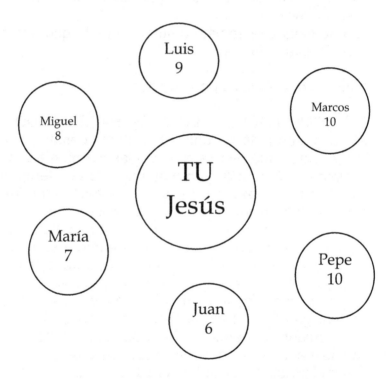

En este ejemplo si sumamos nos sale 50 puntos y dividimos entre 6 nos sale una puntuación de 8.333... está en el margen para trabajar, si saliera menos de 6 entonces primero tienes que tomar la decisión de salir de ese ambiente tóxico, que lo único que hace es ahorcarte más cada día y si no puedes tomar decisiones no te preocupes que la terminar el desafío tendrás la fuerza interior para hacerlo.

1.- MI ENERGÍA VITAL

Ahora hagámoslo juntos escribe los nombres de las 6 personas que más te rodeas al día y califícales del 1 al 10, luego sumas todo y divides entre 6 el resultado será valor de tu energía vital que tienes en este momento.

Si pasas de 7 es un buen número para trabajar tu nuevo despertar de conciencia a un nivel óptimo.

Menor de 7 debes ponerle enfoque urgente dejar de frecuentar con esas personas que no te dan energía y rodearte de personas que te inspiran para lograr tu nuevo despertar y transformar tu vida.

Si tienes espacios en blanco puedes hoy mismo buscar personas que te inspiren a lograr tus sueños (líder, coach, mentor, entrenador, amigos, etc.)

Te sugiero que te relaciones con personas que te llenan de energía al pasar con ellos y rápidamente puedes subir tu energía vital.

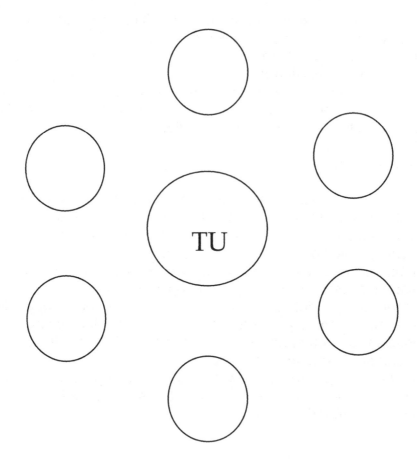

2.- MIS PESADILLAS

Las pesadillas que no te dejan dormir todos días y te invaden de pensamientos negativos, resentimientos formados desde nuestra niñez, dolor, rencor, rabia, secretos, que no te dejan dormir y ser feliz. Ejemplo:

Pesadillas internas
Son todos los problemas que tienes el control como tus emociones, mentalidad, espiritualidad (rencor, ira, cólera, heridas internas, apego, vacíos emocionales, frustración, etc.) que puedes trabajar cada día en tu reprogramación inconsciente.

Pesadillas externas
Tiene que entender que hay pesadillas que están a tu control como tus frutos internos y externos por ejemplo: de sanar tu pasado tu mundo interior y externa como tus deudas que tienes que aprender a negociar para que no te consuman la energía vital, se recomienda atender una por una (crea una estrategia para pagar deudas) para que enfoques toda tu energía mente a trabajar para seguir invirtiendo en ti y en tu negocio y las pesadillas externas que están fuera de tu control y que tú te has hecho cargo en muchas veces (suelta las cargas ajenas) y que no te están dejando crecer ejemplo: pareja que quieres cambiar, suegros que se meten contigo, hermanos que no les gusta lo que haces, vecinos que hablan de ti, hacerte cargo de hermanos, sobrinos, de los sentimientos de los demás. etc. Sin embargo, tú eliges mantenerte ahí o salir de ahí. Suelta y respeta su proceso.

Suelta y que cada quien se haga cargo de su propia vida, felicidad y sus sufrimientos; porque todo lo que le pasa es perfecto y necesario para su propia evolución de conciencia, no te metas en los planes que Dios tiene para cada quien.

Te recomiendo que te tomes el tiempo para escribir todas tus pesadillas externas que te están robando tu energía y felicidad, donde es única responsabilidad de darles solución.

....
....
....
....
....
....
....
....
....
....

Escribe todas tus pesadillas internas que te están robando tu energía y felicidad y no tienes el control.

....
....
....
....
....
....
....
....
....
....

3. NIVEL 10 DE APRENDE Y NIVEL 10 DE APLICAR LA INFORMACIÓN

Las personas no rediseñan su vida porque pierden el hambre de dejarse guiar, y caen en el orgullo y parados en su razón y no eligen tener los resultados deseados

Que quiere decir que si tienes mucho deseo ardiente de aprender nivel 10 y no aplicas nada lo ejercicios no funcionará.

Por otro lado, si todo quieres practicar y practicar y caes en querer leer todo el material en un solo día tampoco funcionará.

Lo ideal para que logres un resultado en excelencia es estudiar día a día cada desafío y llevarlo desde todo tu amor a vivirlo cada día.

¿POR QUÉ AUTOSANAS TU VIDA?

- ➢ No sanas porque cuando llega algo bueno a tu vida lo rechazas y prefieres quedarte con lo que no te hace feliz.

- ➢ No sanas porque sigues ignorando al poderoso y valioso ser que llevas dentro.

- ➢ No sanas porque continúas desatendiéndote y fingiendo que todo está bien en tu mundo.

- ➢ No sanas porque no te has atrevido a enfrentarte a las personas que dirigen tu vida.

- ➢ No sanas porque no usas tus tijeras para cortar lazos con personas que ya no te nutren.

- ➢ No sanas porque has asumido que el sacrificio es la forma de demostrar amor a los demás.

- ➢ No sanas porque no usas la magia del perdón para limpiarte de ira y rencor.

- ➢ No sanas porque huyes de la naturaleza, no disfrutas de la lluvia, no te pierdes en el bosque, no te bañas en el mar y te escondes del Sol y la Luna.

- ➢ No sanas porque gritas por ayuda a los vientos y cuando te escuchan y te tratan de llevarte por un camino que te hará feliz, te aferras al pasado.

- ➢ No sanas porque no te dejas llevar por tu interior, por la fuerza de tu corazón y tu mente, y has obviado que tú eres el sanador, porque "no sanarás si no quieres sanar".

➢ Somos estrellas envueltas en piel, somos luz y la sanación que estás buscando siempre ha estado dentro de ti ...

➢ No sana porque te reúsas aceptar la vida como es y tus frutos que tú mismo has creado y buscas un culpable.

➢ No sanas porque no permites que alguien te ayude y te acompañe en tu REDISEÑO.

Listo (a) para empezar tu viaje a auto sanar tu vida a un nivel profundo. Empezamos tu rediseño.

"La vida es increíble, te mereces empezar una vida nueva"

DÍA 1

LAS CUATRO FORMAS DE SOBREVIVIR Y QUE TE MANTIENE EN DOLOR Y SUFRIMIENTO

1. LUCIR BIEN

Si en este instante vas hacer este ejercicio de preguntar a 10 personas y les preguntas ¿cómo estás?, el 99% te contestara ¡bien! y no te exprese lo que realmente se siente, no porque él quiere sino es como nos formaron y de una manera inconsciente empezamos a mostrarnos así y reprimimos nuestras emociones.

Yo fui una de las personas que nunca mostraba mis emociones en público, por vergüenza, miedo al qué dirán y porque creía que al expresar mis emociones era una persona débil y ¿quién quiere ser una persona débil? Nadie verdad.

Entonces si tú eras mi amigo y me preguntabas como estaba yo respondía de maravilla, excelente, fantástico, bien, incluso me fui a una conferencia que en 2 dos horas nos enseñó a lucir profesional, diciendo que cada vez que alguien te pregunta ¿cómo estás? deberíamos responder fantástico, aunque por dentro te estés muriendo (puede funcionar en las personas que no te conocen pero con los equipos de vida no funciona) si no abres tu corazón para expresar lo que sientes nunca crearas relaciones significativas saludables.

Entonces a donde me llevó esta manera de pensar y de expresarme, a frustrarme, a no ser autentico, a alejar a las personas de mi vida, mi relación conmigo mismo, pareja, familia, amigos y clientes no conectaba del corazón, entonces si no cuidas tus relaciones todo lo demás se desquiera, porque una de las riquezas poderosas es crear buenas relaciones. (los negocios funcionan con personas y para llegar a ellos si debes aprender a relacionarte).

Una forma de escondernos a sentir nuestras emociones es crear esta fachada de que todo está bien para no sentir el dolor de nuestras emociones porque eso significa entrar a lo más profundo de tu ser, ahí la mente sabe que de niño hubo dolor al ser rechazado, entonces lo que hace ahora como un mecanismo de defensa es buscar el placer. (huye en adicciones, trabajo, sexo, viajes, etc.

Entonces a partir de hoy empieza tu camino a romper todas esas máscaras que te mantienen bloqueando tu abundancia.

Estas decidido (a) en abrir esas puertas que jamás quieres abrir para vivir libre y que fluyan tus emociones como el agua.

Ejercicio: Responde desde todo tu amor como te sientes en ese momento. (Si te siente cansado, confundido, con un día lleno de desafíos, triste, impotente, ansioso, etc. Y los demás empezarán abrirse contigo también)

HOY TE RETO A COMPARTIR UN SECRETO QUE JAMAS LE HAS CONTADO A TU PAREJA.

ANOTA 10 HECHOS QUE TE GUSTARÍA COMPARTIR CON ALGUIEN DE CONFIANZA QUE NUNCA LE HAS CONTADO.

....
....
....
....

....
....
....
....
....
....
....
....
....
....
....
....
....
....
....
....

2. TENER LA RAZÓN

El hecho de no aceptar otro punto de vista nos está reflejando la poca confianza que estas personas tienen en los demás. No escuchan las opiniones y argumentos de los otros porque no valoran lo que éstos puedan decir, lo que les hace tener poca empatía con otras personas.

Estas personas están obsesionadas con tener el control de las situaciones. Todo lo que sea salirse de sus normas y su rutina les incomoda, por lo tanto, no están a gusto con las situaciones novedosas y con los cambios. Esto les convierte en personas poco flexibles y, en muchas ocasiones, realmente maniáticas, ya que desarrollan una serie de rutinas en su vida que acaban convirtiéndose en imprescindibles. Esta actitud soberbia enmascara muchas veces una personalidad insegura, que necesita constantemente el reconocimiento de los demás, y creen que imponiendo sus opiniones pueden conseguir ese prestigio y reconocimiento que tanto anhelan.

El ejemplo más característico de este tipo de personalidad llevada al límite, serían los dictadores, personas que creen estar en posesión de la verdad absoluta y no respetan ninguna idea ni opinión que difiera de las suyas. Esta clase de personalidad se puede producir en cualquier nivel social o profesional.

¿Porque se causa el síndrome de tener siempre la razón?

Desde que somos pequeños recibimos una serie de enseñanzas e informaciones de diferentes ámbitos que van configurando nuestra manera de pensar. Las opiniones de nuestros círculos más cercanos; la familia y los amigos son las que más nos marcan y más influyen en nosotros.
Cuando siempre recibimos opiniones e información en el mismo sentido, nuestras posturas se van haciendo más inflexibles y nos volvemos radicales defendiendo estas posturas y no admitimos otros puntos de vista distintos del nuestro. Este sería el origen del fanatismo político o del integrismo religioso.

La educación suele ser la clave de estos comportamientos, aquellos niños consentidos a los que no se les ha puesto límites y que siempre han conseguido lo que han querido acaban convirtiéndose en personas caprichosas y despóticas que no admiten que les contradigan y que siempre quieren tener la última palabra.

El extremo contrario también puede generar personas de estas características, cuando se recibe una educación demasiado rígida e inflexible, la persona también tenderá a actuar de esta manera ante los demás. Además de estos condicionamientos que podríamos llamar externos, hay también un condicionante interno que es el propio carácter de la persona, hay personas que, viviendo en ambientes propicios a desarrollar posturas inflexibles, no lo hacen y por otro lado hay personas que son intolerantes, aunque hayan recibido una educación adecuada.

Cómo convivir con personas que creen tener la razón.

La convivencia con este tipo de personas no es fácil, ya que no aceptan que se les lleve la contraria y cuando esto sucede intentarán por todos los medios imponer su opinión, si no lo consiguen se encolerizarán y si lo logran, intentarán humillar y restregar su triunfo a su interlocutor.
La complejidad de estas relaciones se refleja en muchos matrimonios. Cuando uno de los cónyuges intenta imponer siempre su manera de ver las cosas puede producir dos reacciones en su pareja; o bien esta acepta la imposición, en cuyo caso vivirá en cierto modo sojuzgada por su pareja o se revelará contra esas imposiciones, lo que provocará reacciones airadas de su pareja y se establecerá un clima de tensión y de constantes discusiones que pueden provocar una ruptura
.
En el ámbito laboral también se hace muy difícil esa relación, especialmente cuando es el jefe quien cree tener siempre la razón, lo que puede llevarle a imponer a sus empleados decisiones absurdas y caprichosas y lograr que estos estén a disgusto y que no se consiga un buen ambiente de trabajo, que es imprescindible en toda organización empresarial.

Como me afectaba esta forma de sobrevivir en mi vida. no escuchaba, imponía, falta de empatía, no podía comunicar desde mi sentir, etc. Y eso me frustraba y me sentía no suficiente, porque no podía enrolar a mi pareja para hacer un equipo y en el negocio se reflejaba lo mismo (estaba asfixiándome a mi niño interior y mi relación de pareja.

Recuerda si no puedes liderar tu propia vida será muy difícil liderar otras vidas.

Es ahí donde busco ayuda para trabajar un rediseño profundo en mi ser para abrir mi corazón y soltar las máscaras que por años me habían acompañado que ya eran parte de mi IDENTIDAD

En esos talleres me mataron el ego ruidoso que me acompañaba, cuestionaron mi vida y me dijeron, tú eliges tener la razón o tener resultados satisfactorios, jamás tendrás ambas no ambas.

Consejos para vencer el síndrome de querer tener la razón.

Lo que tienes que entender que cada persona tiene su verdad y tu hoy puedes elegir seguir parado en tu verdad y elegir tener resultados.

-**Voluntad de transformarte**: Empieza por la aceptación consciente de que tiene este defecto y debe tener la voluntad de corregirlo.

"Si no hay aceptación no hay transformación"

-**Ser más receptivo**: Uno de los problemas de este tipo de personas es que no escuchan a los demás, este es el primer paso para comprender y aceptar otros puntos de vista.

-**Salirse de las rutinas establecidas**: Estas personas son a menudo víctimas de sus propias rutinas. Salirnos de estas rutinas nos hará ver la vida de una manera menos limitada y nos hará más fácil disfrutar de ella.

- **Abrir la mente**: Conocer nuevos lugares, distintos ambientes y personas diferentes nos enriquecerá y nos hará más abiertos.

Ejercicio: escucha hoy día a 10 personas sin dar tu punto de vista solo escucha. Al final le dices me encanta la forma como ves este tema o la vida. felicitaciones

....
....
....
....
....
....
....
....

3. EVADIR EL DOLOR

Si entiende cómo funciona tu cerebro podrás utilizarlo a tu favor y una característica poderosa es que el cerebro evade el dolor siempre va al placer.

si pasas ansiedad o depresión es porque no te has permitido sentir las emociones, le tienes miedo a la tristeza o a sentir ese dolor que causa la ansiedad y lo que haces es buscar escapes.

una clienta me contaba que cada momento que sentía la ansiedad, inmediatamente buscaba una forma de ocuparse, distraerse en algo para no sentir.

En lo que te resistes aceptar y sentir, persistirá cada vez más y más la emoción y el dolor para demostrarte que aún no has aprendido.

¡HOLA! SOY LA ANSIEDAD

Soy la ansiedad, no te asustes... vengo en son de paz, por cierto, ¿por qué te asustas tanto ante mi presencia?
Digo, sé que te sientes horrible cada vez que aparezco, que te desesperas y quisieras mandarme a volar, sé que si pudieras... me matarías, sobre todo porque crees que yo soy la que te quiere matar o hacer daño, pero créeme, si no te he matado, no lo voy a hacer.
No estoy aquí para hacerte daño, mucho menos para volverte loco, creo que ya te lo he demostrado cada vez que llego a tu cuerpo, hago un relajo y te asusto, pero al final del día... no te he matado, no te has vuelto loco.
Si pudiera, lo haría, pero esa no es mi idea.
La verdad es que aparezco y te hago sentir todo eso porque no había logrado encontrar otra manera de hacerme escuchar por ti, estabas tan ocupado tratando de ser exitoso, productivo y de demostrarle a los demás que eres digno de ser amado... que no escuchabas mis pequeñas señales.
¿Recuerdas esa vez que te dio un dolor de cabeza? ¿O cuando tuviste insomnio por más de 2 horas? ¿O qué tal esa vez que sin razón aparente te soltaste a llorar?
Bueno, pues todas esas veces era yo tratando de que me escucharas, pero no lo hiciste, seguiste con tu ritmo de vida, seguiste con tu misma manera de pensar... Entonces intenté algo más fuerte, hice que te temblara el ojo, que se te taparan los oídos y que te sudaran las manos... pero tampoco me quisiste escuchar.
Aunque acá entre nos, los dos sabemos que sentías mi presencia, es por eso que cuando te quedabas tranquilo... o era momento de estar sólo contigo mismo, en soledad... te empezabas a poner nervioso, como si algo te impidiera quedarte quieto.

Te desesperabas, porque "no entendías" con tu mente racional lo que estaba pasando, y claro, con tu mente racional no me ibas a entender.
Así es que por eso me he rendido y decidí escribirte.
Y te felicito si estás leyendo lo que te digo, porque significa que ya tienes el valor de escucharme, y créeme, nadie mejor que yo sabe de tu gran habilidad para evitarme y salir corriendo, huyendo de mí como huirías del monstruo en el bosque oscuro.
Como esas veces que me evitas y te distraes embobándote horas con la televisión, viviendo las vidas de otras personas que ni conoces para no enfrentar que la tuya no te gusta.
O qué tal, de esas veces que con un par de cubitas lograbas adormecer tus nervios e inquietud; y ni qué decir de esas otras substancias que más allá de adormecerte, te fugan de esta realidad que no quieres enfrentar.
Pero bueno, espero que ahora estés listo y lista para enfrentar tu realidad y escucharme por fin. Espero que estés listo y lista para enfrentar la verdad de tu vida y de ti mismo tal y como es, sin máscaras, sin atajos... sin pretensiones. Así es que aquí te van las cosas como son.
Lo único que llevo tratándote de decir todo este tiempo, es que... ya es tiempo de evolucionar, necesitas hacerlo, no hay de otra.
Necesitas crear cambios muy profundos dentro de ti, pues por alguna razón, en realidad no estás disfrutando de tu vida y no te sientes pleno. Por eso yo estoy aquí, para ayudarte a recuperar esa plenitud que vive dentro de ti, y para lograrlo, tendrás que deshacerte de lo que te impide contactarla.
Estoy aquí para ayudarte a ver precisamente qué te impide contactar con tu sentido de vida, con tu pasión por vivir, con tu alegría y con tu verdadero ser que es tu esencia. Cada vez que yo aparezca en tu vida, será porque tú mismo no te has dado cuenta que no estás siendo pleno y feliz, así es que, si vuelvo a aparecer, no te asustes... mejor agradéceme que llegué y escúchame.

Y si realmente me escuchas, no tardarás en hacer los cambios que necesitas hacer en tu vida, los harás de inmediato, claro, eso si realmente quieres sentirte bien de nuevo, todo depende de qué tanto quieras. Y sé que sí quieres, pero a la vez sé que quieres seguir en tu confort y en tu comodidad por vivir con "lo conocido", aunque eso conocido te haga daño.

Prefieres seguir buscando la aprobación y aceptación de los demás, haciendo hasta lo imposible por llamar su atención; buscando seguridad en otras personas menos en ti; prefieres que los demás sean responsables de tu persona que tú mismo, y claro, te entiendo, todos quisiéramos regresar a la panza de nuestra mamá y despreocuparnos de todo.

Pero… te tengo una noticia, solamente entrando a un temazcal podrás acercarte a esa experiencia. Mientras tanto… necesitas asumir que eres responsable de ti y que solamente tú me podrás escuchar, y cuando me escuches y yo vea que ya me hiciste caso, créeme que me iré. Solamente tú puedes hacer que me vaya.

Y eso es algo muy importante que te quiero decir, en verdad me iré en cuanto vea que estás haciendo esos cambios en tu vida, cuando vea que estás en camino a tu evolución y que estás dispuesto a crecer y recuperarte a ti mismo. Mientras no lo hagas… aquí seguiré.

En conclusión, si hoy estoy aquí, es porque me necesitas.

Necesitas de mi para modificar tu manera de interpretar tu realidad, la cual déjame decirte que está un poco distorsionada. Necesitas deshacerte de creencias que no te ayudan y que nada más te limitan; necesitas perdonar todo ese enojo que guardas a tus seres queridos y recuperar tu libertad interior.

Y sobre todo, necesitas de mí para hacer lo que te gusta de la vida, para ser tú mismo, y perder el miedo al rechazo o abandono de los demás.

Necesitas de mí para ponerle límites a las personas que te lastiman; para que te agarres de valor y aprendas a decir que "no"; para que dejes de mendigar amor con quien no te merece; para que dejes de depender de la existencia de tu pareja para ser feliz; para que de una vez por todas… ¡cuides tu cuerpo!

¿De qué otra manera le habrías puesto atención a tu cuerpo? Digo, probablemente de muchas maneras, pero ésta está funcionando. Necesitas darle el alimento que necesita, dejar de criticar tu físico y agradecerle por lo que te da; haz que sude y que se mueva, ten tus hormonas al día y duerme las horas que necesitas.

¿Por qué te explotas? ¿Por qué te exiges tanto? No entiendo por qué lo haces... si lo tienes todo, lo eres todo, tienes toda la capacidad que necesitas para crear tu propia realidad, pero te tratas como tu propio esclavo, eres demasiado severo contigo mismo... y estoy aquí para pedirte que simplemente dejes de hacerlo.

Así es que ya sabes... si realmente quieres que me vaya, toma el timón de ti mismo, pregúntate qué has hecho que te ha sacado de tu equilibrio interior. Pregúntate realmente cómo quieres vivir y lucha por esa vida, es tu vida, y solamente tú puedes decidir sobre ella... si a los demás no les parece, es porque los estás retando y tarde o temprano te seguirán, y si no... tendrán otra oportunidad, dales chance.

El único control que puedes tomar es el de ti mismo, pero para recuperarlo, tendrás que aceptar que lo has perdido, y que dejes que yo me exprese, que salga a decirte con todos esos síntomas tan horribles que me inventé para decirte algo muy claro, pero si me reprimes y te distraes cada vez que llego... no podré hablarte y vendré más fuerte.

Así es que la próxima vez que me sientas llegar, haz un alto, cierra los ojos... déjate sentir todo lo que te estoy diciendo, apaga tu mente racional por un momento, déjate llevar... y entiéndeme. Después, empieza el cambio en tu vida con acciones claras y específicas, y en menos de que te des cuenta, me iré.

Espero no tener que llegar muchas veces más en tu vida, pero si lo hago... recuerda que no quiero lastimarte, quiero ayudarte a que recuperes tu propio camino de evolución, el camino que, si lo tomas, te hará mucho muy feliz.

Y ya para terminar, ojalá que puedas verme como lo que soy: tu esencia.

Soy tú mismo gritándote con desesperación que me escuches por favor. Así es que hola, yo soy tú, hablándote desde el fondo de tu corazón, desesperado tocándolo para que me pongas atención, lo que sientes no es taquicardia, soy yo, tu esencia, que quiere salir de ahí.
"escúchame soy yo

Con cariño, tu esencia disfrazada de ansiedad.

Eres suficiente y perfecto para brillar desde tu esencia
.

En tus emociones permítete aceptar la emoción, sentir la emoción y luego suelta entrega esas energías al universo nunca evadas por miedo a no sentir porque si no seguirás llenando tu vida de más sufrimiento en este caso de ansiedad y depresión.

La regla de los 5 segundos para tomar acción.
Quiere decir que vas a contar de retroceso de 5 cuando llegues a 0 tendrás que estar actuando en lo que tu crees que te da resultados positivos.
4. ESTAR EN CONTROL

Hemos hablado en otras ocasiones lo difícil que es enfrentarse a una situación de incertidumbre. Las personas tenemos una necesidad de saber que nuestra vida está bajo control para sentirnos bien a nivel emocional. Esta sensación favorece también el sentimiento de seguridad. El problema viene cuando necesitamos el control a toda costa, en cualquier situación y de manera urgente. Cuando somos incapaces de exponernos a cualquier situación de incertidumbre mínima y queremos controlar todo, lo que está en nuestra mano y lo que no, lo que está pasando y lo que está por pasar. Lo real y lo que solamente imaginamos.

Esto puede llegar a causar malestar en nuestras relaciones personales, calidad de vida, familia y trabajo. Ocurre cuando el control se vuelve en nuestra contra y lejos de darnos seguridad nos genera una sobrecarga en el día a día.

Causas y consecuencias

Existen varios factores que pueden estar influenciando en esa necesidad de control y que además favorecen su aparición desmesurada:

- Situaciones pasadas en las que pudo experimentarse una indefensión y descontrol desmedido: experiencias de abuso, maltrato o traumáticas.

- Falta de autoestima y autoconcepto en uno mismo: la falta de confianza suele estar presente en las personas que necesitan controlar.

- Ansiedad

- Miedo al abandono

- Miedo al fallar y a equivocarnos.

- Niño herido de abandono, rechazo y traiciones

- Exceso de perfeccionismo.

- Dificultades a la hora de expresar las emociones.

¿Cómo empezar a soltar el control?

Lo primero es entender que tú no tienes control de los demás solo de ti. Tomar conciencia de lo que está a tu control y lo que no ya te hace sabio.

Sana a tu niño herido de las traiciones que te hiciste y las que quedaron como impacto emocional en tu mente subconsciente.

Permítete hoy ser flexible contigo mismo.Trabajar en sanar tu autoestima, amor propio y merecimiento

Cambiar radicalmente la forma que te estás hablando a ti mismo cada día. Si solo no lo has logrado busca ayuda profesional para que te acompañen en tu rediseño o escríbenos para ayudarte personalmente.

JERCICIO DEL DIA 1: Permítete hoy hablar contigo mismo en una reflexión profunda de cómo has venido jugando con estas formas de sobrevivir, pídete perdón sincero y crea un nuevo compromiso para empezar a trabajar cada día.

DIA 2

VIVIR UNA MENTIRA

No es destino,
No es tu pasado
No es lo que te han dicho,
No es castigo
No es Dios
No es la gente,
No es la vida…

Son tus propios PENSAMIENTOS
Son tus EMOCIONES
Son tus DECISIONES tomadas desde el ego, desde una mente inconsciente programada en tu infancia.
Los que te hacen vivir en sufrimiento…

Te duele porque aún no has aprendido a aceptar y disfrutar, porque acumulas viejos odios y rabia en tu alma.

Te duele porque te niegas a desarrollar tu vitalidad y elasticidad corporal, porque lo castigas con adicciones e inmadurez emocional.

Te duele el cuerpo porque rechazas el presente y permites que los recuerdos te definan.

Te duele porque no cierras etapas y te vistes de víctima en el drama que tú mism@ creaste.

Te duele porque amas la herida que no quieres sanar.
Te duele el cuerpo porque has sucumbido a la apatía y te has dejado ganar.

Te duele porque dudas merecer una vida extraordinaria sin traumas y alas para volar.

Te duele porque has cedido tu voz al clan familiar.

Te duele el cuerpo porque no vives en paz.
Te duele el cuerpo porque no te atreves a amarte de verdad y a valorarte más.
Te duele porque callas cuando debes gritar. Porque culpas al amor de tu obsesión por dominar. Porque exiges un respeto que no te atreves a generar.

Te duele el cuerpo porque confundes una relación con un ring donde poderte desahogar.

Te duele porque no te atreves a conectar con tu divinidad. Porque te da miedo la libertad.

Te duele el cuerpo porque no te permites recordar que has nacido para crecer y trascender desde el amor que ya eres.

Te duele el cuerpo porque no inviertes en silencio ni haces las paces con tu soledad y con tu oscuridad.
Eres un SER DE AMOR en constante expansión. Deja ya de encasillarte, frenarte y atrofiarte.
DESPIERTA A TU MAGIA Y A TU PODER INTERIOR.

Haz valer el amor que ya eres.

EL AMOR ES LA CLAVE

Estas listo (a) para trabajar en tu vida en un rediseño profundo en un taller transformacional para que juntos te acompañemos con las terapias, recuerda escribirnos a ricardolibertad06@gmail.com para darte fechas de los siguientes talleres. Solo danos una oportunidad para mostrarte las herramientas que funcionan si o si para crear resultados deseados, tal como lo bienes leyendo en este libro. Sigamos…

Hoy en día millones de personas están dormidos pensando solo en tener bienes materiales para sentirse exitosos, la buena noticia es que no es tu culpa que pienses como piensas porque así nos formaron desde niños a su nivel de educación, pero a partir de hoy al leer estas líneas tienes la responsabilidad de no repetir la misma historia de tus padres, estudiar una carrera o no estudiar una carrera no te cambiara la vida, hoy en día en este siglo XXI estudiar una carrera te garantiza un 3% de tu prosperidad de tu vida el otro 93 % de tu prosperidad es aprender diferentes materias como desarrollo personal empezando por tu SER interior, inteligencia emocional, financiera, espiritual, mental, habilidades como comunicar, ventas, estrategias y técnicas entre otras te permitirá sacar tu mejor versión construyendo una vida que construya un gran legado.

Para empezar, tienes que tener en claro que es para ti el éxito, conforme creas es cómo vas a construir tu vida.
Yo pensaba que para ser una persona exitosa tenía que lograr terminar una carrera, experiencia, viajar, tener casa propia, carros, etc. Enfocándome todo en lo exterior, cuando empecé a descubrir nueva información empecé a darme cuenta que a mis 25 años de mi vida había sido engañado pensando que el éxito era lograr un bien material y profesional y no solo yo pensaba así sino en 92 % de seres humanos viven desesperados trabajando duramente para lograr alcanzar el éxito sin saber que ya lo tienen dentro de ellos y que Dios se los designo desde que el momento que te dio la vida en el vientre de nuestra madre.
Cuando al final del día te pones a pensar que todas las respuestas están dentro de tu ser, cuando cambias la manera de como ves al éxito todo empieza a encuadrar en tu vida.
Éxito para mi tener la capacidad de conciencia y sabiduría cada día para resolver los retos que me regala la vida para no ahogarme en un vaso con agua, que tengas esa fuerza interior para que te levantes rápidamente de las lecciones, yo las llamo bendiciones de aprendizaje de crecimiento porque el caos puedes crecer en la tranquilidad está el conformismo.
No te imaginas la carga que te empiezas a sacar de tu alma, es como un nuevo despertar, empezar una vida nueva.

Tú como joven piensas que no tienes la experiencia, habilidades, títulos, o los bienes materiales para sentirte exitoso, por tal motivo te desanimas, desesperas, frustras, te sientes inferior a los demás, y piensas que tus ideas no valen. Recuerda que la edad es un número, conozco jóvenes de 15 años que piensan como personas de 40 años, así como personas de 40 años que piensan y actúan como un bebe de 6 años.
Empieza por romper esa creencia que te está limitando ser la persona que siempre sueñas ser.
Entonces a partir de hoy tienes dos opciones jóvenes caminar por la vida como un joven fracasado o con tu ser de un joven exitoso desde creación.

A partir de hoy piensa, siéntete y actúa como esa persona que ya logro su vida rica en todo, camina, habla, vístete como el joven exitoso que siempre sueñas ser, habla con toda seguridad, piensa que tus ideas pueden trasformar al mundo y que nadie te faltara el respeto si tú no lo permites que llegue a invadir en tus pensamientos.
En esta historia de una de mis clientes te ilustraré muy claro para que te des cuenta de un nuevo despertar.
Una empresaria llego a uno de mis talleres de transformación "DESPIERTA TU SER" y me compartió su extraordinaria historia que me inspiró, me rebelo que ella desde muy joven 18 años de dedicó a trabajar arduamente para lograr tener éxito y apoyar a la familia, con ese ritmo de vida paso 25 años, paso el tiempo y a los 43 años su negocio había crecido, tenía varios bienes, carros, etc. El dinero ya no era una preocupación para ella, en ese mismo año su salud le pasó factura, como era negociante su vida era muy agitada por ese motivo le dio parálisis, los médicos le recetaron un año de descanso estricto. Mientras estaba en recuperación empezó a leer libros de desarrollo personal y conforme fue mejorando empezó asistir a conferencias.

Ella decía; donde he vivido todo este tiempo que no me di cuenta, es como que he estado dormida a un solo ritmo de vida, cuando la vida te pasa factura se dio cuenta de todo lo que se estaba perdiendo, se dio cuenta de otra forma de vivir, contaba que nunca se dio tiempo para ella, amigos la invitaban a diferentes conferencias y ella por su negocio que le consumía todo el tiempo, no se daba la oportunidad de escuchar este tipo de información y si tu estas leyendo estas líneas siéntete orgulloso (a).

Luego me contaba su vida ahora es como una vida nueva que yo lo llamo "UN NUEVO DESPERTAR DE COCNIENCIA"

Tenía un hambre de aprender y desaprender todo lo que esos años le había limitado hoy por hoy, conferencia que se entera ella está en primera fila, está dispuesta 100% a empezar una vida nueva.

En la biblia dice "no solo de pan vive el hombre si no de cada palabra que sale de la boca de Dios"

Lo que te quiero mostrar al contarte parte de la historia es para que te pongas a pensar y a reflexionar de la vida que estas llevando a la vida que quieres
construir. No esperes que pase años para que te des cuenta de empezar con tu despertar.

"Recuerda la vida no te quita cosas, la vida te libera de cosas para que vueles más alto"

"Estas aquí no solo para ganarte la vida. Estas aquí para que el mundo pueda vivir más ampliamente, con mayor visión, con mejor espíritu de esperanza y logro. Estas aquí para enriquecer el mundo y te empobreces si olvidas esta misión" Woodrow Wilson:

La vida es la mejor escuela que puedes vivir donde los seres humanos nacimos por tres propósitos:
   1. Aprender a ser felices como obligación
   2. Aprender amar incondicionalmente
   3. Aprender a servir

De forma natural debemos evolucionar con el aprendizaje, sin embargo, eso no sucede con la mayoría.

O aprendes o desapareces, no hay otra opción.
Vamos a ver la vida de la siguiente manera.

LA VIDA ES UNA ESCUELA
- La tierra es el aula.
- Los alumnos somos todos los seres humanos del planeta.
- Los profesores son las personas que llegan a enseñarte incluido las crisis, traición, muerte, accidentes, enfermedad, quiebras, etc.
- El recreo es lo que te apasiona hacer
- Hay calificaciones, seria todas las pruebas donde nacen tus frutos y aprueban los que han estados atentos y estudiando todo lo que enseñaban los maestros, en la vida si no cumples con ciertas leyes universales no aprobarás el examen y por lo tanto tu vida será llena de conflictos que no puedes resolver, por consiguiente, si aprendes y aplicar todo disfrutarás de una buena vida.

Si llegas aprender y desaprender sacando la mejor versión de ti diariamente los frutos serán notorios en el mundo, pero en cambio si te reúsas aprender inclusive llegan al suicidio.

WILLIAM JAMES
«He tenido sueños y he tenido pesadillas. Superé mis pesadillas gracias a mis sueños.»
Cuando te inspira un objetivo importante, un proyecto extraordinario, todos tus pensamientos rompen sus ataduras: tu mente supera los límites, tu conciencia se expande en todas direcciones y tú te ves en un mundo nuevo y maravilloso. Las fuerzas, facultades y talentos ocultos cobran vida, y descubres que eres una persona mejor de lo que habías soñado ser.

Todos estamos aquí por una razón especial. Deja de ser un prisionero de tu pasado. Conviértete en arquitecto de tu futuro.
"La naturaleza ama el coraje. Si tú te comprometes, ella responderá eliminando obstáculos imposibles. Sueña en el sueño imposible y la tierra no te tragará...!te ayudará¡ Así es como funciona la magia.
Lanzándote al abismo y descubrir que es un colchón de plumas."

Tú puedes aprender de dos formas por inspiración de otras personas o por desesperación dolorosa, elige romper tus límites, recuerda nada pasará si sigues pensando y actuando de la misma manera eso es la verdadera locura decía Albert Einstein
Actúas mediante el ego o con el amor.
Los que no aprenden actúan mediante el ego

Lo saben todo, quieren tener la razón, negativos, Mienten, Depresión crónica, ansiedad, queja, culpa, justifica, etc. O lo más fuerte llega al suicidio, prefiere desaparecer que hacerse cargo y responsable de su vida.
Puedes elegir vivir aprendiendo y que tus resultados hablen por ti, trabajando de la esencia del SER, para que vivas en amor, libertad y abundancia.
Necesitas mucho valor para darle lo mejor de ti al mundo rascando desde adentro.
Toda esta lindo, pero para que tanto te puedes estar preguntando:

Serás la mejor versión de ti mismo para todas las personas que te busquen y saboreen tu sabiduría de luz y esperanza, como tu familia y la sociedad.

En un estudio a las personas más sobresalientes y realizadas del mundo, descubrieron que las personas que no logran vivir, en plenitud, felices, es porque no se creen suficientes para vivir en grandeza, en cambio los que viven realizados disfrutan en todas sus áreas de la vida, se sienten suficientes para ser ricos en todo desde su creación.

Primer Ejercicio del desafío día 2:
Te reto a que en este momento hagas una pausa coge un plumón y una hoja y escribe todas las formas de ser que crees que eres (tu actual identidad

Soy Tímido
Soy inseguro
Soy renegón
Soy ansioso
Soy indisciplinado
Soy irresponsable
soy duro
soy desconfiado
soy impaciente
soy introvertido
soy feo...

Al final vas a tener toda una lista de etiquitas que no es tu esencia original, te creíste todo ello, esa falsa identidad, es la que te mantiene con los frutos actuales, entonces si sigues siendo la misma persona vas a seguir atrayendo más de lo mismo. Ahora puedes elegir soltar quema esa hoja y despídete de esa falsa identidad.

Tú no eres tus resultados, tus resultados reflejan a la persona que bienes siendo.

Segundo Ejercicio del desafío día 2: Te reto o que en este momento hagas una pausa coje un plumón y una hoja y escribe todas las formas de ser que si funcionan para crear la vida que sueñas.

Soy disciplinado
Soy amoroso
Soy auténtico
Soy detallista
Soy servicial
Soy amor
Soy paz, etc.

Escribe en una hoja y pégala por todos los lados que más frecuentas inclusive en tu pantalla de celular y computadora por 21 días "SOY SUFICIENTE" un ejercicio extraordinario para crear nuevas formas de ser, no me crees solo compruébalo tú mismo (a)

Soy suficiente para ser disciplinado
Soy suficiente para ser amoroso
Soy suficiente para ser auténtico
Soy suficiente para ser mi palabra
Soy suficiente para ser detallista
Soy suficiente para ser servicial
Soy suficiente para ser amor
Soy suficiente para ser paz, etc.
Sor suficiente para vivir feliz
Soy suficiente para ser un ganador
Soy suficiente para tener una pareja que me trasmita paz.
Soy suficiente para liderar mi vida
Soy suficiente para la gente crea en mi
Soy suficiente para liderar despertar al mundo
Soy suficiente para poner mi talento al servicio de los demás
Soy suficiente para ser libre…

"Soy una escultura perfecta creada por Dios

DIA 3

RECONOCIENDO MIS PARADIGMAS

¿QUÉ ES UN PARADIGMA?

Un **paradigma** es todo aquel modelo, patrón o ejemplo que debe seguirse en determinada situación. En un sentido amplio, un **paradigma** es una teoría o conjunto de teorías que sirve de modelo a seguir para resolver problemas.

Es un modelo un patrón mental en la forma como te relacionas con lo que te va pasando.
Las creencias son el combustible del paradigma.

Ejemplo: si observamos en nuestra niñez a nuestros padres amarse, respetarse, hacer equipo eso es lo que guardamos como modelo ahora en la vida adulta es normal construir relaciones saludables. / en cambio sí en tu niñez vivistas una vida llena de conflictos con tus padres, ese mismo modelaje inconscientemente se suele repetir.

En esta vida nadie tiene una verdad todos fuimos programados y actuamos desde esa verdad.
Un paradigma no es bueno ni malo, es una forma de pensar que te da un fruto satisfactorio o te limita lograrlo.
Entonces reflexiona del área de tu vida que tienes desafíos.

¿Qué estas creyendo como verdad absoluta en cada área de tu vida?

Ejemplo:

Te doy 5 segundos para dibujar una casa (tu dibujarías el símbolo de una casa, sale lo que ya está grabado en tu mente subconsciente, el molde en tu casa. Y si le dices a un arquitecto lo mismo el dibujará un círculo y eso es casa para él.

Así puedes hacer lo mismo para cualquier actividad

Paradigmas que te limitan ser la persona que sueñas ser

Un paradigma que está acabando con los seres humanos es pensar que el éxito es lograr una meta o algo material, como tú ves que por todos lados van caminando tras el dinero, tú crees que eso es éxito, al final te das cuenta que nada te llena, te frustras, te da ansiedad, depresión por creer que no eres suficiente como tus amigos.

- Creer que existe el número uno en el mundo
- Creer que hay alguien mejor que tu
- Creer que no eres suficiente
- Creer que aun te falta mucho para empezar tu proyecto
- Creer que tienes que sacrificar tu vida, tu familia, por lograr una meta.
- Creer que pierdes tu valor porque no cuentas con liquidez
- Creer que te hicieron daño
- Creer que tuviste un pasado difícil
- Creer que tienes una pareja
- Creer que tienes cosas externas y que son tuyas
- Creer que no eres inteligente
- Creer que el dinero es difícil de conseguir…
- Nací una en una familia pobre
- Soy un desastre para aprender
- Yo siempre he hecho las cosas a así
- El pobre es humilde y honesto, el rico es soberbio y mentiroso
- Si no vas a la escuela no vas a tener un buen trabajo
- Si no eres inteligente no puedes ganar
- Creer que debo tener más para ser feliz
- creer que tengo que trabajar durísimo para lograr mis sueños.

Paradigmas que si te dan poder para transformar tu vida.

- Yo creo que estoy en mi mejor momento para empezar y el camino me iré equipando.
- Soy suficiente y merecedor de todo.
- creo que tengo el don y el talento para transformar vidas en lo que elija dedicarme.
- Quieres cambiar tu paradigma
- Puedo cambiar lo que gano
- Puedo transformar mi cuerpo
- Puedo transformar mis relaciones
- Puedo sanar mi vida
- soy un ser de alto valor

Tu ADN es perfecto no quiere ningún mejoramiento, esa perfección busca expresarse, Tu ya la tienes, es cuestión de utilizar la energía.

Hay días que tienes energía y otras no, es la percepción como ves las cosas, permitimos que nos hagan enojar.

CUALES SON LAS FACULTADES DE NUESTRA MENTE
Porque nos sentimos como nos sentimos
Porque estamos en una de las vibraciones en las que estamos

Hemos sido condicionados con lo que vemos
Boleta de calificaciones
Y dejamos que eso nos diga qué clase de personas somos.

DESARROLLA LAS FACULTADES SUPERIORES
dedica tiempo a estudiarlas e implementarlas en tu vida y te convertirás en una persona extraordinaria.

1. **Razonamiento**
   Que hacemos escogemos nuestros pensamientos (te conviertes en lo que piensas)
   Hecha una mirada a tus frutos eso dirá exactamente cómo estás pensando
   el 2% de la gente piensa

3% dice que piensa
el 95 % prefiere morir que pensar
estudia su comportamiento de la gente

2. **Memoria**
tengo una memoria terrible
Mantén hasta que lo quiero olvidar lo recuerdo
Hay memorias débiles no hay mala memoria

Si no ejercitas la mente se vuelve inútil.
Tenemos la habilidad de pensar en lo que queremos
La memoria se desarrolla con la asociación (compra un libro de la memoria)
Recuerda nombres/ números / lugares /trabaja 90 días solo las técnicas para recordar nombres)

3. **Voluntad**
Es un estado de conciencia de ver las cosas tan claras que te inspire a moverte a pesar de que no sea de tu agrado.

4. **Y percepción**

La percepción de como ves una situación
piensa y haga rico
Enfócate en lo que está frente de mi (míralo desde su punto de vista)
Todo el universo opera con leyes (Estudia sus leyes).

5. **Intuición**

Como desarrollar la intuición
- Observa la naturaleza
- Desarrolla la empatía
- Calma tus emociones
- Reflexiona
- Apunta todos tus pensamientos

- utiliza los símbolos
- Meditación como estilo de vida
- Practicar el silencio interior
- La gratitud
- Visualización creativa

6. **Imaginación**

No hay límites para imaginar la vida que sueñas vivir. Rompe el paradigma.

HERRAMIENTAS PARA TRABAJAR

1. **Compromiso nivel 5**
2. **Repetición constante**
3. **Tu comportamiento está controlado por sus paradigmas.**
4. **examina cada área de tu vida**

Que te gustaría cambiar en cada área de tu vida
Piensas 30 días seguidos
Observación consiente
Piensa distinto en positivo

5. **Modela y escucha el leguaje interno**

Imposible /es posible si me propongo
No se / no me lo he permitido…

6. **3 detenga toda reacción automática**

Stop
Frenar
Pensar
Observar las opciones
Proceder

90 días seguidos y sorpréndete de los resultados

Evita los juicios, reacciones...

CONSTRUYE LA IMAGEN MENTAL DE LO QUE ERES ESO ERES

Responde estas preguntas y comparte a tu mentor:

¿Qué es para ti el dinero?
....
....
¿Qué es para ti tener una relación de pareja?
....
....
¿Cómo se debe criar a un hijo?
....
....
¿Qué es para ti la felicidad?
....
....
¿Qué son las emociones para ti?
....
....
¿Qué es la mente para ti?
....
....
¿Qué es la espiritualidad para ti?
....
....
¿Qué es la riqueza?
....
....

Anota todos los paradigmas que crees que hoy te atreves a romper de una vez por todas

....
....
....
....
....

DÍA 4

HACIENDOME CARGO DE MI MISMO

Al terminar esta lectura serás consiente este desafío sabes que es hacerte cargo de ti.

El otro no existe… sólo eres tú mismo reflejándote en el otro

No importa lo que "te hagan" "te digan" Siempre es tu responsabilidad de tus frutos.

Tú provocas esas experiencias para aprender, para crecer, para evolucionar; NO ERES VÍCTIMA, cómo nos han hecho creer.

Tienes un SER que es un diseño original, lleno de VALORES, talentos y un gran potencial, ERES un diamante precioso y estás en este mundo para manifestarse, y la única manera de lograrlo es puliendo y desechando tus impurezas…

El OTRO solo viene a mostrarte lo que no está resuelto en ti:

- Si te duele que te engañen, tienes que liberarte del engaño interno.

- Si te duele que te abandonen, tienes que superar el abandono de la infancia y el abandono que te haces a ti mismo ahora de adulto.

- Si te duele que te ignoren, debes hacerte cargo de eso que ignoras de ti mismo para no asumir tus pendientes por miedo al dolor.

- Si no te ocupas de sanarte, la Vida, Dios, el universo volverá a provocar una y otra vez las mismas experiencias o similares (y cada vez más intensas) para mostrarte que todavía no has aprendido la lección.

El otro no existe, son sólo dioses disfrazados que están al servicio de tu crecimiento interior. Sin los demás, no podrías hacer consciente lo inconsciente y morirías herido, incomprendido...sintiéndote una eterna VÍCTIMA y culpando al otro como el "culpable" de tus desgracias... solo sobrevivirás y estarás en la queja, en la crítica...

Entonces ¿qué hacer?

- Reconocer tu verdadera IDENTIDAD y vivir desde ahí...

- Aceptar las cosas como son y no como a tu EGO le gustaría que fueran.

- Asumir el 100% de tu RESPONSABILIDAD y dejar de HACERTE LA VÍCTIMA.

- Cuando te victimizas, reaccionas y esas reacciones te esclavizan... La verdadera libertad radica en la ausencia de reacción, primero en la ausencia de reacciones internas y luego las externas.

- La constante práctica de permanecer anclado a tu Ser, a tu verdadera IDENTIDAD te centra y libera de las reacciones condicionadas, convirtiéndote gradualmente en RESPONSABLE, en amo y señor de tus estados internos.

Recuerda:

todo lo que piensas y expresas del otro, no es del otro, es de ti mismo...

- ¡RECUERDA EL OTRO NO EXISTE! -

TÚ ERES EL ÚNICO RESPONSABLE... HAZTE CARGO DE TU FELICIDAD

La vida es como un juego si aprendes las reglas del juego rápido podrés disfrutar la vida como tú sueñas, sin embargo, cuando no respetas las reglas tu vida se pone muy difícil en todas las áreas de tu vida.
Si estás pasando este desafío te compartiré las herramientas e información que te permitirán recuperar tu poder interior para vivir feliz.
Mi vida empezó a transformarse cuando entendí lo siguiente:
En la vida te puedes pasar únicamente de dos maneras siendo y creyendo que eres una víctima de lo que te pasa o siendo responsable de todo lo que te pasa en la vida (mente, emociones, espíritu y físico)

¿POR QUÉ SUFRIMOS TANTO POR UN PROBLEMA?

Si logras entender de donde se formó tú forma de pensar, tu comportamiento, tus heridas, tus vacíos tus frustraciones, ansiedades, creencias, hábitos y valores puedes trasformar tu vida para siempre.

Cuando nacemos todos nacemos libres, puros por creación y conforme vamos creciendo nos vamos apegando a las cosas externas de la vida y nos separamos de nuestra esencia de creación y también como niños vamos guardando todas las emociones en nuestro corazón.

ENTENDIDNO MIS HECHO DEL PASADO

Todo lo que de niño viviste con tus padres, amigos, familiares, profesores, sociedad no fue tu responsabilidad fue inevitable la vida tuvo que darse de esa manera cualquier hecho por más traumático que haya sido como violaciones, maltratos físicos, verbales, bullen, abandono, traiciones, humillaciones, rechazos, injusticias, etc. Y todas esas emociones se formaron cuando eras un niño, un niño generalmente no se les enseño a liberar esas emociones si no se quedaron dentro de ti, desde ese momento fuiste creando personalidades para sobrevivir hasta apartarte de tu esencia.

Es muy difícil superar esos traumas que vivimos, sin embargo, si cuentas con la información, voluntad de vivir libre y el apoyo correcto de un profesional hoy puedes empezar una vida nueva.

EL PERDÓN

Una de las herramientas más poderosas para liberar emociones reprimidas (miedo, rencor, ira, rabia, culpa, resentimiento, etc.) es el PERDÓN, si logras entender e interpretar los hechos puedes sanarte y transformarte.

"El que no perdona no se quiere así mismo, porque solo alguien que no se ama, permite que el veneno entre en su corazón."

Perdonar es el regalo más grande de amor a tu persona que te puedes dar, cuanto más rápido pides perdón más rápido estarás libre para conseguir resultados extraordinarios.

Y no lo hagas por la otra persona si no por liberarte tú, el otro ni siquiera le importa o no está enterado lo que tanto te está haciendo sufrir.

Todas las personas antes de morir piden que le lleven a esa persona que por años han tenido algún rencor, para poder perdonar y poder descansar en paz.
Es imposible que logres paz interior si no logras perdonarte para perdonar.
El mismo Jesucristo en el momento de morir nos enseñó el honor tan grande del perdón
Y dijo "padre perdónalos porque no saben lo que hacen".

Sigamos en este nuevo despertar aprendiendo y desaprendiendo información, creencias, hábitos y costumbres que nos mantienen en la mediocridad.

Todo lo que hoy eres como vistes, el trabajo que tienes, como hablas, como escribes, no eres tú, estás siguiendo modelos que te formó tus padres, maestros, religión y la sociedad.
Tú eres amor, luz, abundancia, dador, servicial, humano, creativo, feliz, excelencia, etc.

Ejercicio del día 04: A que te haces cargo hoy

- Me hago cargo de mis emociones.
- Me hago cargo de las consecuencias de mis decisiones.
- Me hago cargo de la deuda que adquirí por falta de información.
- Me hago cargo de las relaciones que he construido.
- Me hago cargo de todo lo que tolere.
- Me hago cargo de la estafa que tuve.
- Me hago cargo de la enfermedad.
- Me hago cargo de mi forma de pesar.
- Me hago cargo de mis ingresos.
- Me hago cargo de lo que visto.
- Me hago cargo de lo que me alimento.
- Me hago cargo de mis cargas emocionales.
- Me hago de no poder soltar.
- Me hago cargo del lugar donde vivo.
- Me hago cargo de cómo me tratan.

DÍA 5

CAMBIANDO LA INTERPRETACIÓN DE LOS HECHOS

SI NO HAY ACEPTACIÓN NO HAY TRANSFORMACIÓN

Hay dos leyes universales que estudiar para lograr la aceptación total de la vida y dejar de sufrir. (Ojo no resignación).

1. LEY DE LA CORRESPONDENCIA

En la vida no sucede lo que queremos, sucede lo que necesitamos para aprender a ser, felices, dejar de sufrir, a sentimos en paz, dejar de luchar y amar. Si ahora mismo no te sientes feliz, vibrando alto, entonces vas a ser correspondido con personas, situaciones, experiencias que van a ser despertar nuestra ignorancia para conocernos a nosotros mismos, puede que esto genere dolor, sufrimiento, crisis. Aprovéchalo para crecer y evolucionar tu conciencia en tu autoesanación.

Conclusión: Todo lo que me ha pasado, todo lo que me está pasando, es correspondiente a mi vibración y mi proceso de aprendizaje y es lo que necesito aprender.

Con tu actual forma de ser, te corresponde exactamente todo lo que estás viviendo... Tienes que renovar tu identidad, para hacerte correspondiente a nuevos resultados deseados.

1. LEY DE LA EVOLUCIÓN

Por naturaleza los seres humanos debemos evolucionar en sabiduría si no se aprende la lección esto se repetirá con más intensidad (como cuando estaba en primaria si no aprendía la materia no pasaba de grado y repetía una y otra vez).

Recuerda a partir de Ahora tienes dos opciones:

Aprovechar tu dolor y sufrimiento para evolucionar, crecer y transformarte en tu máxima posibilidad o resignarte y creerle a tu mente (ego).

Si estas comprometido para trabajar en ti repite: estoy listo (a) porque me amo y hoy elijo trabajar mi vida cueste lo que me cueste.

"Una sola decisión valiente escuchando tu esencia empezará el viaje de tu nueva vida que te mereces vivir. Atrévete a dar ese paso hoy practicando el ejercicio" del día.

Ahora tu puedes ver tu pasado y cada hecho que te va pasando en la vida de dos formas:

1. VIVIR EN EL VICTIMISMO

Tu como persona tienes que entender que como te mueves en este instante es por el nivel de conciencia que has construido hasta este momento y te ayudó a construir los resultados que hoy tienes y que no te llevará a otro nivel de resultados que tu estas buscando si sigues en nivel de víctima. Quejándote, culpando o justificándote. Ahora tienes que empezar a cuestionar lo que piensas, sientes y haces.

¿Qué hago para despertar mi conciencia?

Hay dos formas una es a puro dolor que la vida te mande y dos por inspiración de otras personas.

Entender que la información nueva, vivencias, personas, circunstancias, lectura, viajes, mentores, problemas, caos te harán despertar.
Una persona que sigue leyendo las cosas que no le ayuden a crecer, noticieros, amigos tóxicos, vicios... siempre vas a mantener tú mismo nivel de conciencia y nunca despertarán.
Sin embargo, hoy yo te aplaudo porque estas en buen camino, si recibes nueva información, te rodeos de personas que tu admiras en diferentes áreas, viajas, te arriesgas no importa si ganas o aprendes porque nunca perderás nada al tomar decisiones. La mentalidad de muchas personas piensa que van a perder es por eso el miedo a intentar y no se arriesgan.

El error que inocentemente los padres les dicen a sus hijos es que no se arriesgue aun porque está en la secundaria que es muy joven para tener novia, viajar, trabajar, emprender o universidad que ellos le apoyaran en la universidad entonces el niño sale de la universidad a los 25 años como no tuvo riesgos no gano experiencia se enamora lo deja su novia o quiebra un su negocio y se deprime llegando incluso al suicidio.

Por tal motivo yo les sugiero que tu como joven tienes que hacerle entender a tus padres o si no entienden actúa a pesar de ello y arriésgate a tener novia o novio, trabaja, viaja, pon tu negocio, que diablos importa si no te sale bien, recuerda que ganaras experiencia más rápido y eso te hace experto para la vida trabajando increíblemente tus emociones.

PRIMERA MAESTRIA DE LAS VÍCTIMAS ES LA QUEJA

Quejarte es lo más miserable que puede hacer una persona porque afecta a su cuerpo, mente y espíritu, atrayendo toda la desgracia a su vida. Recuerda en todo lo que te concentras se expande. Si te concentras en el problema se expande el problema, pero si te concentras en las soluciones aparecerán las soluciones y podrás resolver problemas.
Muchas personas dicen no hay nada de trabajo, sin embargo, en la sociedad hay cientos y millones de problemas que resolver, mientras haya problemas que resolver habrá trabajo. Ahora ya lo sabes a partir de hoy, cero quejas asumen 100% la responsabilidad de tu vida tu eres el amo de tu porvenir.
Aquí tarea, lo más difícil de un proceso de trasformación es decir no algunas amistades de niño, tienes que entender si realmente estas decidido en crecer ese círculo de amigos no te llevará a un siguiente nivel y es necesario elegir nuevas amistades, en los siguientes 21 días haz todo lo necesario de frecuentar el menor tiempo posible con esas amistades que no te inspiran crecer pueden tus padres, hermanos, amigos, pareja, etc.

SEGUNDA MAESTRIA DE LAS VÍCTIMAS SE JUSTIFICA

Yo era un maestro justificándome cuando llegaba tarde, cuando no lograba una meta, por mi falta de resultados internos y externos, cuando me hice cargo de mi vida todo se transformó.
E tenido la oportunidad de entrevistar a cientos de personas y lo que me sorprendió es que un 97% se justificaba de sus resultados, la justifican es el arma más mortal de todas las excusas que ponemos frente a nuestros sueños.
En mis conferencias siempre llegan personas de distintos rubros y les digo porque ¿eres feliz? y las respuestas son interminables, me dicen es que el estudio no me deja, no tengo tiempo para nada, mis papás no me entienden, etc. Entonces les miro los ojos y les digo imagínate, todo lo que tú piensas que necesitas para ser feliz ya lo tienes logrado en este instante, tus padres te apoyan, tienes suficiente tiempo porque te disciplinaste, tienes buenos ingresos, tienes movilidad, puedes viajar con las personas que quieres, todo lo que tu mente lo desea ya lo lograste. Pregunta ¿serías feliz? Si
Genial empieza por modelarlo a partir de hoy pieza, siente y actúa como si ya lo vivieras en la realidad todo lo que sueñas en cada área de tu vida.

TERCERA MAESTRIA DE LAS VÍCTIMAS ES LA CULPA

Es impresionante desde el mismo estado nos alimentan día a día la pobreza. Recuerda si buscas un culpable siempre encontrarás. Conoces personas que viven el día a día culpando de todo lo que le pasa culpa a la novia, culpa al profesor que lo desaprobó, culpan al gobierno culpan a su gente, culpan a su negocio, culpan a su empleador, culpan a sus empleados, culpan a los de encima y los de abajo, sus padres todos tienes la culpa menos él. Puedes culpar a todo el mundo por la falta de resultados y nunca señalarte a ti. Los cercanos a las víctimas se convierten en blanco.
Hazte cargo a partir de hoy y empieza a vivir libre.

2 TIPO DE PERSONAS LAS QUE SE HACEN RESPONSABLES DEL %100 DE SUS FRUTOS DE TODO LO QUE LES PASA EN SU VIDA E INCLUSIVE SI NO ELEGE SANAR SU VIDA DE SU PROPIO DOLOR Y SUFRIMIENTO.

Tu eres responsable únicamente de tus frutos (tu mente, tus emociones, tu espíritu, tu físico y todo lo que está a tu control) no eres responsable de lo que no tienes control.
¿Para ti que es libertad?
Cierto o falso que somos libres de hacer lo que tu mente pueda concebir tanto para ser el bien o para ser el mal.
Cada persona es libre de hacer con su vida lo que le plazca, como embarazar a su novia, no entrenarse, robar, matar, estamos en una sociedad libe, sin embargo, una vez que cometes un hecho, tienes que asumir 100% la responsabilidad de tus acciones y resultados.
Sim embargo el 94% de personas caen en el victimismo y solo el 6% de las personas del planeta se hacen cargo de las consecuencias de sus actos.

Ahora te toca elegir o quedarte en jugando la victima o te haces cargo de tu vida en los dos juegos hay precios a pagar y recompensas.

Escribe una lista que refleje que tú estás asumiendo 100% la responsabilidad total de tu vida y te comprometes adoptar nuevas formas de ser para hacer acciones diferentes y tengas un fruto nuevo satisfactorio.

¿A qué te responsabilizas hoy?
Limpiar todo el veneno que está circulando por mi alma.
....
....
....
....
....

El acto de amor más puro hacia ti mismo es asumir la responsabilidad de lo que la has fregado y remendar los hechos.

Ejercicio del día 05.

Por 30 días vas a ponerte en la muñeca una liga y cada vez que sale una queja, la culpa o te justificas de manera inconsciente. Estiras la liga y te la sueltas para que te des cuenta que si sigues actuando de esa manera vas a seguir construyendo tu pobreza y atrayendo toda dificultad a tu vida.

Si has cometido alguna falta en cualquier lado, elige llamar o hablar y le dices que lo sientes y que te haces cargo de ese echo y estas comprometido en mejorar.

....
....
....
....
....
....
....
....
....
....

"Primero tú crees las creencias y son ellas las que construyen tu realidad"

- Creo fielmente que todos los recursos que necesito para crear la vida de mis sueños están dentro de mi ser.

- No es necesario saberlo todo para servirme de todo

- Creo que soy mi mayor activo por lo tanto invertiré, tiempo, recursos y energía en poder mejorar día a día.

- ....
  ....
  ....
  ....
  ....
  ....
  ....

DÍA 6

5 HERIDAS EMOCIONALES

ENTENDIENDO Y LIBERANDO LAS EMOCIONES REPRIMIDAS

El ser humano en su proceso de vida pasa por cientos de problemas que nos forma nuestra personalidad, quitándonos nuestra verdadera autenticidad de esencia creadora.

Te revelare las 5 heridas que tienes que sanar para empezar a recuperar tu paz interior y vivir libre, si no se sanan no podrás gestionar tus emociones y siembre te vas a sentir vacío.

Te recuerdo que todos venimos al mundo con heridas que debemos aprender a aceptar. Se han ido desarrollando a lo largo de las numerosas encarnaciones y, en función de cuál sea nuestro plan de vida, algunas nos harán sufrir más que otras. El sufrimiento tiene distintos niveles de intensidad, según el individuo, y la mayoría no saben de dónde viene ni qué hacer para detenerlo. Lo único que sabemos es que muchas personas y situaciones nos hacen reaccionar y, por lo tanto, sufrir. Esta es la razón por la que es interesante descubrir la fuente de nuestros sufrimientos.

¿Por qué las llamo heridas del alma? Porque el alma no puede evitar verse alejada de su plan de vida, una y otra vez, cuando permitimos que nuestro ego dirija nuestra vida. Ella sufre, porque la meta de sus encarnaciones es vivir en el amor verdadero y la aceptación de sí a fin de vivir su divinidad.

Nuestra alma sufre de forma distinta según las heridas que estén activadas. Lo más triste es que dejamos que nuestro ego nos convenza de que nos está ayudando a sufrir menos cuando, en realidad, ocurre todo lo contrario. Es imposible para el ego sentir los sufrimientos del alma. Solo vive para él. Su mayor satisfacción es tener razón

El método favorito del ego para evitar que sintamos el sufrimiento generado por una herida es incitarnos a ponernos una máscara cada vez que la herida se activa. Cree de verdad estar protegiéndonos y no es consciente de que, actuando así, lo único que hacemos es mantener y alimentar nuestras heridas.

Cuanto más se alimenta una herida, más duele. Cuanto más fuerte y rápido reaccionemos, más tiempo durará dicha reacción. ¿Por qué hay tantos suicidios? ¿Por qué millones de personas se hacen adictas a sustancias que las adormecen, que les impiden ser conscientes del problema que tienen con el tabaco, el azúcar, el juego, el alcohol, los medicamentos o las drogas? ¿Por qué hay cada vez más enfermos graves, a pesar de los grandes progresos de la ciencia? ¿Por qué se producen tantas separaciones y divorcios? Porque la gente no quiere sentir todo el dolor de su alma y huyen a esconderse. Por desgracia, el hecho de negar este dolor solo lo empeora.

Te darás cuenta, igualmente, de que te hieres a ti mismo de idéntica forma. Te rechazas, te abandonas, te humillas, te traicionas y eres injusto contigo mismo del mismo modo en que lo experimentas con los demás, y lo sufres igual. En las lecciones de Escucha a tu cuerpo.
los demás son contigo cómo tú eres con ellos y contigo mismo.

HACEMOS TODO LO POSIBLE POR IGNORAR LAS HERIDAS Y SOBRE TODO POR NO SENTIRLAS; CREEMOS ADEMÁS QUE LOS DEMÁS NI LAS VERÁN NI LAS SENTIRÁN. La clave está en sentir entrar a esas puertas que no quieres entrar porque te dan mucho dolor recordar. Para sanar una herida se activará el dolor. Ahí tienes que empezar tu autosanación de sentir tus emociones reprimidas.

DÍA 6

1. HERIDA DE LA TRAICIÓN

Crean una máscara de control

¿Cómo se formó en tu vida?

Entre los dos y los cuatro años de edad, con el padre del sexo opuesto. Niño decepcionado que ha sufrido por no haber sido colmada su necesidad de atención por parte del padre del sexo opuesto. Se siente traicionado o manipulado en su conexión amor-sexualidad. Ha perdido la confianza en este padre después de haber sido testigo de promesas no cumplidas, mentiras o señales de debilidad. Considera que este padre es un irresponsable

Su mayor miedo

Disociación, separación y que le repudien

¿Cómo vive una persona con herida de traición?

En la actualidad es una persona muy perfeccionista que todo quiere tenerlo a su control y cuando no sale como espera reniega, se frustra, deprime, no puede gestionar sus emociones, impulsos y no puede confiar en nadie.

- Siente que todos lo van a traicionar por lo tanto desconfía de todo. · Máscara del controlador como autodefensa.
- La apariencia física, muy fuerte, espalda muy alta.
- Que conducta, hacen todo lo posible para ser admirados, respetados para su ego.
- Les cuesta mucho trabajo reconocer las traiciones que se hacen así mismo. · Si traicionan se justifican y la mentira la hacen perfecta.
  Se crean expectativas de la gente.
- Tienen mucha fuerza, quieren que les afirmen y aprueban todo. · No le gusta algo que se le salgan de las manos.
  Huyen de los problemas.
  Es muy rápido, explica rápido y muy talentoso.

- Es menos paciente con los lentos y se le complica enseñar. · Son súper puntuales y les moles cuando alguien no le cumple. · No tiene tiempo.
- · No le gusta la trampa.
- · Cuando se endeuda paga rápido.
- Se entereza con el conocimiento. Sus emociones, su estado de ánimo altibajo.
- · Debe Trabajar en su paciencia
- Espera mucho de los demás y es exigente. Cuando delega, exige que todo se haga a su manera y a su ritmo para mostrarse superior e importante.
- Verifica continuamente por falta de confianza. Le gusta tenerlo todo previsto para controlar mejor. No soporta que alguien venga a deshacer sus planes.
- Le resulta difícil aceptar los imprevistos.
- Se cree indispensable y le gusta pensar que los demás fracasarán sin él.
- Difícilmente confía y no deja que le conozcan. Desconfía del sexo opuesto.
- Teme que puedan aprovecharse de él. Nunca hablará de sus debilidades o fallos.
- Es un excelente manipulador a la hora de controlar a su pareja. No quiere admitir que busca pruebas de su amor.
- Todos los métodos son buenos para manipular: ponerse de mal humor, chantajear, mentir, seducir, llorar de rabia, gritar, amenazar, quejarse... Puede llegar a usar la violencia.

Descripción del cuerpo físico

El hombre exhibe fuerza y poder en la parte alta del cuerpo, es decir, tiene los hombros más anchos que las caderas. En la mujer, las caderas son más anchas y fuertes que los hombros. La pelvis irradia fuerza. Músculos dominantes en varias partes del cuerpo. Voz fuerte. Pecho abombado. Con sobrepeso, pero no parece gordo; más bien fuerte. Con los años, acaba teniendo barriga. Ojos grandes, mirada intensa y seductora. Prefiere la ropa de colores brillantes.

Anota los hechos que sientes que fuiste traicionado en tu pasado.
1..
2..
3..
4..
5..

Ejemplo:
Conocí un amigo que su novia a los 16 años fue traicionada por su mejor amigo, y desde ese momento se quedó con la herida de la traición que no se puede confiar en ningún amigo. Y me contaba que no le iba bien en su relación, además tenía su negocio y no podía confiar en nadie nenia mucho miedo que le roben, no tenía amigos y seguía atrayendo personas que lo traicionaban y el no entendía que es lo que estaba pasando.

¿Cómo sano la herida de la traición?

Entonces, como sanar está herida de la traición lo **primero** que tú tienes que entender que nadie te traicionó, se traicionaron así mismos y además hicieron lo mejor que podían en ese momento a su nivel de conciencia como tú en este instante haces lo mejor que puedes con tu nivel de conciencia, cada persona actúa de acuerdo a sus heridas y tu ni nadie las puedes juzgar es más tú no tienes el control de lo que pueden hacer las personas por ti, lo único que tienes el control eres de ti mismo.

Lo **segundo** es interpretar el hecho, el mundo es de interpretaciones.

Preguntarte ¿para qué me pasó este hecho? Y entenderás que gracias a que te paso ese hecho se abrió la puerta de la oportunidad.

Lo que le dije a mi amigo es que gracias a lo que te paso que tu novia se fue, aprendiste y te enseño en su momento somos como un árbol que da fruto y se tiene que podar y eso es natural de la vida, a veces pensamos que una persona tiene quedarse para siempre, no, las personas son tus maestros que llegan por temporadas te enseñan la lección y se tienen que ir. Por eso lo único que estará contigo de nacimiento hasta que mueras es tu niño interior, tu ser y a él tienes que cuidarlo engreírlo a un nivel de Dios.

Y hoy en día gracias ese hecho, conoció a su esposa y tienen una linda familia y es verdad que en ese momento cuando te pasa no quieres escuchar a nadie, y disfruta esos momentos también de frustración de dolor porque es temporal de la vida, es como el mundo se te cae y llego el final, porque cada final es el símbolo de un nuevo inicio de vida, sim embargo ese dolor te hace crecer, y madurar como joven y luego te sorprendes cuando vas creciendo y te ríes de todo lo que tuviste que pasar.

Gracias a lo que te paso lograste comprar este libro, porque quieres descubrir que te está bloqueando para ser feliz y el que busca encuentra, llegaste a buenas manos sigue leyendo y disfrútalo y despertemos tu ser.

Que aprendes a distinguir tu verdadero, recuerda que tú no puedes controlar nada de lo que te paso o lo que pasa en el exterior, lo único que puedes controlarte eres a ti mismo.

Permite que la vida te sorprenda, se más paciente contigo.

Sigue perdonándote de todas las traiciones que te hiciste a ti mismo.

DÍA 7

2. HERIDA DE LA ABANDONO

Crea su máscara de autodefensa dependiente de sus padres, pareja, amigos, gobierno, etc.
Miedo más grande a la soledad

¿cómo se formó?

Entre el primer año de vida y los tres años, con el padre del sexo opuesto. Es un niño que ha sufrido al no sentirse apoyado por el padre del sexo opuesto con una conexión de amor-afecto. Le ha faltado afecto o ha recibido un cariño frío o distinto de lo que él esperaba.
Se manifestó cuando un ser querido se fue de la casa. (Papá, mamá, abuela, novio, tío, amigos, etc.)
Cuando alguien de tus seres más cercanos falleció o no se ocuparon de ti cuando eras niño.

¿CÓMO SON SUS COMPORTAMIENTOS Y ACTITUDES DE LA HERIDA DEL ABANDONO?
- Se apega demasiado a las personas y hace acciones de desesperación soportando todo para que no se quede solo (a).
- Se pasa en su vida abandonando negocios, pareja, amigos porque siente miedo a las responsabilidades.
- Esta herida se comporta como víctima
- Crea problemas para llamar la atención
- Terminar una relación es lo peor que les puede pasar
- Es muy variado su estado de ánimo
- Se esconde sus miedos a la soledad
- Cree que necesita de la aprobación de los demás

- Utiliza la frase ya no puedo más
- Tienen un sentido infantil
- Hace muchas preguntas se quiere asegurar de todo
- No buscan ayuda
- Le teme a la soledad y hace todo para no se quede solo hasta pierde su dignidad.
- Le cuesta cerrar ciclos
- La tristeza es la emoción más intensa que experimenta.
- Le tema a la autoridad.
- Sienten unión a mama y se sienten responsables de cuidarlas. · Le cuesta aceptar cambios.
- Si te identificas no estás loco o loca, solo sabes cómo tienes que tu protegerte y sanarte para vivir libre.
- Se siente responsable por la desgracia de los otros.
- Tiene dificultades para manejarse por sí mismo y la soledad le aterra.
- Busca la presencia y la atención. Necesita, sobre todo, ser apoyado por su entorno.
- Sufre con frecuencia una tristeza profunda, estando solo o no, sin saber muy bien por qué. Cuando está solo, llora durante mucho tiempo, inconsciente de estar compadeciéndose de su propio destino.
- Provoca, de forma inconsciente, dramas o enfermedades para llamar la atención o dar pena.
- Desarrolla una actitud victimista y cree que sus males se deben a su mala suerte.
- Empatiza fácilmente con los demás. Se identifica con sus emociones y su sufrimiento, pero los utiliza para darles la vuelta y atraer la atención hacia sí mismo.
- Exhibe un lado teatral, a menudo dramático, en su forma de expresarse, con el fin de llamar la atención. Cuando está en grupo, le encanta hablar de sí mismo.
- Lo lleva siempre todo a su terreno. Se agarra físicamente a los demás. Tiene dificultades para hacer

o decidir algo solo. Pide consejos o la opinión de otras personas y es capaz de hacerse pasar por inútil con tal de recibir ayuda, pero no porque no sepa o pueda hacer algo.
- Después, es muy probable que no siga los consejos que le han dado puesto que lo único que buscaba era atención.
- Cuando hace algún favor o cuida de alguien, es con la esperanza de que se ocupen de él a cambio.
- Tiene altibajos: un día está alegre y otro triste. Sus emociones le desestabilizan con facilidad.
- Tiene dificultad para terminar sus relaciones: hace malabarismos para no quedarse solo. Cree que una prueba de amor es que el otro esté siempre de acuerdo con él.
- En presencia de una persona enfadada o agresiva, se bloquea y se convierte en un niño asustado. A medida que envejece, se angustia cada vez más ante la idea de quedarse solo.
- Elige mantener una situación difícil antes que estar sin compañía.
- Suele usar las siguientes palabras y expresiones: solo, ausente, no soporto, nadie me deja plantado, abandono, etc.

DESCRIPCIÓN DEL CUERPO FÍSICO

- Cuerpo largo, delgado, sin tono muscular.
- Sistema muscular poco desarrollado.
- Brazos que parecen demasiado largos y colgantes a los lados del cuerpo.
- Hombros caídos.
- Espalda curvada, que se inclina hacia delante.
- Alguna parte del cuerpo caída o flácida.

- Alguna parte del cuerpo en posición más baja de lo normal.
- Grandes ojos tristes o caídos.
- Voz de niño o quejumbrosa. A menudo se apoya en algo o en alguien. Le gusta llevar ropa amplia o colgante.

ANOTA HECHOS QUE SENTIRTE EL ABANDONO DE NIÑO

1. ....
2. ....
3. ....
4. ....
5. ....

¿Cómo sano la herida abandono?

1. **Trabaja mucho en tu autoestima (anota 30 fortalezas y 30 debilidades) para tu autoconocimiento profundo**
2. Trabaja en tu amor propio para llenar los vacíos emocionales
3. A partir de hoy nunca te abandones separa tiempo para ti. (tú eres la prioridad a partir de hoy.
4. Cada vez que sientes dolor de soledad (acepto, te permito y te siento y dejar ir esa energía.) entra a sentir para que sigas liberando tus emociones reprimidas
5. Trabaja el auto perdón
6. Sigue sanando ese niño interior de toda herida de todos los abandonos
7. Nunca permitas depender de alguien

8. Trabaja las simulaciones

DIA 8

3. HERIDA DE RECHAZO

Despertar de la herida: desde la concepción hasta el año de vida. El niño se ha sentido

¿Cómo se formó?

Se formó desde antes que nacieras, cuando tus padres no están conectados con el sexo, lo ven como algo cochino, malo, mundano, etc. Yo también pensaba de esa manera porque toda mi vida mis padres ni mencionaban ese tema y si mencionábamos nos castigaban.
Como le vas a llamar algo cochino a la fuente de creación de un ser humano.

Además, cuando en nuestra vida fuimos rechazados, por nuestros padres, hermanos, tíos, abuelos, padrastro o madrastra, jefes, pareja etc. Es por eso que tú cuando alguien te rechaza sientes hasta el fondo de tu corazón y te duele tanto.

En mis mentarías y coaching llegan alumnos y me dicen:
Recuerdo un día cuando mi padre se llenó de copas y dijo: mandita la hora en que tú llegaste me vida es un infierno.

Desde que tú naciste mi vida fue un caos
Por criarte a ti deje de estudiar.

Tú no eres como tu hermano (te compararon)

Si eres padre o madre y estás leyendo este libro te felicito, te darás cuenta la responsabilidad que tienes a cargo, que cada palabra que sale de tu boca no se la lleva el viento es el veneno que le puedes estas sembrando en el corazón de tu hijo (a)

Rechazado por el padre del mismo sexo y no cree en su derecho a existir.
Máscara: el huidizo.
Su gran miedo: el pánico.
Actitudes y comportamientos de la herida activada y de la máscara asociada. El huidizo:

- Cree profundamente que no vale nada o que vale poca cosa. Se siente constantemente insatisfecho por lo que es. Se considera una nulidad y se juzga como alguien de poca valía. Tiene muy poca autoestima.
- Está convencido de que si él no existiese, no supondría una gran diferencia.
- Se percibe distinto al resto de su familia.
- Se siente aislado de los demás e incomprendido por ellos y por todos los seres humanos en general.
- Dentro de un grupo, a menudo se siente solo, inquieto y febril. Ha desarrollado varias estrategias de huida (astral, la droga, el alcohol, dormir, marcharse precipitadamente, los juegos virtuales, mujeres, hombres, etc.). Se protege, de forma inconsciente, negándose a admitir las cosas.
- Se aísla con facilidad del mundo exterior refugiándose en su propio mundo imaginario o estando «en la luna» (en el mundo astral). Puede incluso preguntarse qué hace en la Tierra o creer que se ha equivocado de familia.
- Cuando está solo, sus emociones le abruman, sobre todo sus miedos.
- Le da poca importancia a lo material: todo lo relacionado con el espíritu y el mundo intelectual le atrae. Posee una imaginación muy fértil, aunque, por

desgracia, la utiliza para crear, con gran facilidad, escenarios de rechazo.
- Cree, consciente o inconscientemente, que la felicidad dura poco tiempo. Estando en grupo, habla poco y se aparta. Tiene miedo de molestar o de no resultar interesante.
- La gente le considera un solitario y por eso le dejan solo.
- Cuanto más se aísla, más invisible parece. En presencia de alguien que levanta la voz o que se vuelve agresivo, abandona rápidamente la escena, antes de entrar en pánico.
- Cuando le miran, se preocupa de inmediato.
- Posee una energía nerviosa que le otorga una gran capacidad de trabajo.
- Siente que existe solamente cuando está muy ocupado, lo que le ayuda también a anclarse en el mundo material.
- Es un gran perfeccionista que, a medida que envejece, siente cada vez más pánico ante la idea de no poder hacerle frente a la vida. Cree que ha desperdiciado su vida. Su miedo al rechazo hace que, en determinadas situaciones, se convierta en una persona obsesiva.

Suele usar las siguientes palabras y expresiones: nulo, nada, desaparecer, inexistente, no hay sitio, sin valor, etc.

Descripción del cuerpo físico
1. Cuerpo pequeño, estrecho, muy delgado.
2. Parte superior del cuerpo contracturada, plegada sobre sí misma.
3. Alguna parte del cuerpo es más pequeña de lo normal.
4. Falta alguna parte o un trozo del cuerpo (pechos, nalgas, etc.).
5. Presencia de algún hueco en el cuerpo (en el pecho, espalda, vientre, etc.).
6. Alguna parte del cuerpo es asimétrica.

7. Ojos pequeños y mirada huidiza.
8. Antifaz alrededor de los ojos (ojeras grises muy pronunciadas).
9. Voz débil, apagada.
10. Problemas de piel (sobre todo en el rostro).
11. Le gusta llevar ropa negra.

Anota tus hechos que recuerdas que fuiste rechazado en tu vida que te marcó

1..
....
2..
....
3..
....
4..
....
5..
....
....

¿Cómo sano la herida del rechazo?

Tienes que entender que nadie te rechaza eres tú mismo el que se está rechazando y si te duele que alguien te rechaza solo está activando la herida de rechazo que tienes reprimida, que te da la oportunidad de sanar si lo elige.

Saber todas estas características te permitirá ser consiente y tomar nuevas decisiones.

Sana tu niño interior
Sana tu autoestima
Trabaja el merecimiento

Amor propio

Atrévete a romper tus límites y enfréntate a recibir rechazó diario hasta que se te haga parte de tu vida.

....
....
....
....
....
....
....

DÍA 9

4. HERIDA DE INJUSTICIA

¿Cómo se formó?

Se formó cuando tus madres tenían preferencia con sus hijos.
Cuando te creces con tu padrastro o madrasta.
Lo juzgan mucho
Los señalan
Lo reprenden
Despertar de la herida: entre los cuatro y los seis años de edad, con el padre del mismo sexo. Niño que ha sufrido la frialdad del padre del mismo sexo. No ha sabido expresarse ni ser él mismo con este padre. Reacciona poniendo límites a su sensibilidad, imponiéndose mejorar su rendimiento y ser perfecto. Ha bloqueado la expresión de su individualidad.
Máscara: el rígido
Su gran miedo: la frialdad
Actitudes y comportamientos de la herida activada y de la máscara asociada. El rígido:
- Quiere mostrarse vivo y dinámico, aunque esté agotado.
- Raramente admite que tiene problemas o que algo le molesta.

- Si admite un problema, inmediatamente añadirá que no es para tanto, que se las apaña bien él solo, o contará cómo solucionó el problema por sí mismo.
- Es un gran optimista que siempre quiere parecer positivo.
- Se controla para parecer perfecto y para corresponder al ideal que se ha fijado o al que cree que los demás tienen de él.
- Hace lo necesario por controlar su ira –aquella de la que es consciente– por miedo a perder el control.
- Puede parecer controlador con los demás, pero solo se está defendiendo porque se ha puesto en duda su propia perfección.
- A pesar de que quiere que todo sea perfecto y justo, en ocasiones es el primero en exagerar un hecho o una acusación.
- Es totalmente inconsciente de hasta qué punto puede llegar a ser injusto con los demás y consigo mismo.
- El rígido no quiere sentir. Muestra muy de vez en cuando sus sentimientos porque no sabe gestionar su gran sensibilidad.
- Tiene miedo de perder el control y de parecer imperfecto a los ojos de los demás. De hecho, puede aparentar ser frío e insensible: así cree, y de paso los demás también, que nada le afecta. De este modo, es incapaz de establecer una relación íntima satisfactoria.
- Es muy duro con su cuerpo y solo ocasionalmente admite estar enfermo.
- No siente ni el frío ni el dolor. Presume de no necesitar ni medicamentos ni médicos.
- Cree que le aprecian por lo que hace y por su aspecto.
- Se mantendrá activo mientras no esté todo perfecto y terminado.
- Antes de darse un capricho, debe merecérselo por haber hecho un buen trabajo.

- Se sobresfuerzo, quiere mejorar su rendimiento y no respeta sus límites.
- Por eso le cuesta aceptar a los vagos. Es especialista en el autosabotaje cuando, según él, todo va demasiado bien.
- Todo debe ser justo, estar justificado y ser justificable.
- Cuando le sorprenden con las manos en la masa, se justifica inmediatamente. Para ello puede mentir y, por temor a que los demás se den cuenta, prepara por adelantado sus justificaciones.
- No puede evitar interrumpir a alguien que no ha sido justo en sus propósitos, creyendo que así le ayuda.
- Critica fácilmente a todos aquellos que no actúan como él cree que es perfecto y justo, y de la misma manera se critica a sí mismo.
- Cree que sus conocimientos son más importantes que sus sentimientos.
- Se jacta de sus conocimientos y de su memoria. Cuando ha llegado a su límite, puede ser muy tajante, sarcástico, testarudo e intransigente.
- Suele usar las siguientes palabras y expresiones: sin problema, justamente, exactamente, seguramente, siempre, jamás, correcto, supuesto, hace falta, (yo) debería, extraordinario, fantástico.
- Utiliza superlativos tales como: superbueno, especialísimo, hiperbonito, etc.
- Anda buscando justicia en todos lados y se hace la víctima en todo que es la única que le pasa problemas.
- Que máscara ha creado como símbolo de supervivencia (rigidez)
- No se siente apreciada por los demás
- Hay una incapacidad de expresarte
- Son personas muy sensibles
- Su postura es cruzarse brazos
- Se engorda parejo

- Temen subir de peso, hacen de todo para mantener su peso
- No permite la ayuda
- Es muy perfeccionista no suelta.
- Aborrecen a la autoridad la perciben como que ellos tienes la razón.
- Nada de lo que le regalan lo hacen sentir merecedor.
- Si alguien te regala algo, dice que no es que no es gusto, porque no se lo gano
- Tienen mucho temor a equivocarse, se sobre exigen.
- Quieren tener el control de todo y se frustran.
- Es controlador y consigo mismo se pone muchas tareas.
- Les cuesta trabajo divertirse, les jode el ridículo.
- Si esto no me está trayendo algo productivo, estoy perdiendo el tiempo.
- Las emociones, impone perfección en todo
- La ira es la emoción más frecuente.
- Es muy complicado dejarse amar
- Es muy frio, no dice lo que siente.

Descripción del cuerpo físico
- Cuerpo bien proporcionado, lo más perfecto posible.
- Postura corporal bien recta.
- Hombros cuadrados.
- Algunas partes del cuerpo son rígidas (piernas, cuello, espalda, etc.).
- Movimientos secos.
- Aspecto pulcro y seductor.
- Cintura estrechada por la ropa o los cinturones.
- Mandíbula apretada.
- Vientre plano que se esfuerza en meter hacia dentro.
- Nalgas redondas, abombadas.
- Tono de piel claro, radiante.
- Mirada brillante, viva y directa.
- Voz seca y rápida.

Anota todos los hechos que recuerdas de injusticias en tu vida.

1..
....
2..
....
3..
....
4..
....
5..
....
....

¿Cómo sano la herida de la injusticia?

1. Eres consciente de merecer todo.
2. Aprende a conectar con tu cuerpo y corazón
3. Deja de compararte con los demás.
4. Admite todas las veces, que tan injusto eres contigo mismo.
5. Permítete el contacto emocional con la gente
6. Empieza por exigiste menos
7. Has el ridículo
8. Aprende que tienes derecho a tener, hobbies, errores, menos orden, etc.
9. Aprender amarte

....
....
....
....
....
....
....

DÍA 10

5. HERIDA DE HUMILLACIÓN

¿Cómo se formó está herida?

Despertar de la herida: entre el primer año de vida y los tres años, con el padre que reprimía toda clase de placer físico. Esta herida puede haberse vivido con uno de los padres, aquel que se ocupaba del desarrollo físico y sexual del niño, o con los dos. Niño que ha sido humillado por uno de sus progenitores por haber experimentado placer con sus sentidos. Su libertad fue cortada por una actitud represiva y despreciativa. Sintió vergüenza frente a ese padre.
Máscara: el masoquista.
Cuando tus padres te castigaron delante de tus amigos o te gritaron.
Percibe que sus padres se vergüenza de él.
Muy comparado
Mi hermano mayor es el favorito
Su gran miedo: la libertad.
Actitudes y comportamientos de la herida activada y de la máscara asociada. El masoquista
¿Cómo se manifiesta en su vida actual?

- Tiene una bella alma de misionero, pero con frecuencia la manifiesta por temor. Cree que Dios (o el guardián de la moral de la familia) le observa y le juzga sin descanso. Hace de todo por ser digno de Dios o de aquellos a los que ama. Cree que, para ser espiritual y digno, debe aliviar el sufrimiento de la humanidad.
- Es por eso por lo que se cree con el deber de servir a todos a los que ama, a quienes pone por delante de sí mismo. Por otro lado, al masoquista no le gusta que le traten como si fuese un niño.

- Contiene mucho las palabras; ha aprendido que no tiene derecho a decir cosas que puedan perjudicar a otros. Incluso puede llegar a justificarlos.
- No quiere reconocer ni su sensualidad ni su amor por los placeres asociados a los sentidos.
- Rechaza los impulsos vinculados con los sentidos: tiene miedo de pasarse de la raya y sentir vergüenza. También teme ser castigado si disfruta demasiado de la vida.
- Suele tener historias relacionadas con la sexualidad en su infancia o adolescencia.
- Se las apaña para no estar libre ya que, para él, «estar libre» significa «no tener límites y sentir demasiado placer».
- Limita de este modo su libertad anteponiendo las necesidades de los demás a las suyas, por lo que le falta tiempo para disfrutar de la vida.
- Cree que disfrutar de sus sentidos le aleja de la espiritualidad. Además, no quiere que le tachen de persona sin corazón.
- Conoce sus necesidades, pero nunca las escucha; cree que debe sacrificarse para ganarse el cielo. Se siente fácilmente sucio, cerdo o indigno. A veces, siente asco de sí mismo.
- Se recompensa a menudo con comida, creyendo que así disfruta, pero su culpabilidad y su vergüenza estropean ese disfrute. Engorda con facilidad para así tener una razón por la que no disfrutar con sus sentidos.
- Tiene el don de hacer reír a la gente burlándose de sí mismo, humillándose. Le atraen o solo se permite las cosas pequeñas, porque no ve la grandeza de su alma.
- Se cree superior a todos y los humilla y crees que te satisface y disfruta hacerlo.
- Percibe que todo mundo lo rebaja, lo avergüenza
- Surge 1 a 3 años

- En las mujeres se ve más.
- Genera máscara del masoquista.
- Sabe que le hacen daño y no suelta.
- Sienten un poco de placer con el sufrimiento.
- No se siente merecedora de amor.
- Alejan la posibilidad que se están haciendo daño y lo ven algo normal.
- Se carga a la espalda a su madre y se siente culpable de lo que le pasa.
- Su rasgo físico es grueso, se considera malo, sucia y para protegerse crea ese caparazón.
- Son personas muy lentas.
- La emoción es de tristeza, culpa, queja y se justifica de sus acciones.
- Les cuesta trabajo expresar sus emociones.
- Evita hacer las cosas porque tiene miedo a lo que lo señale
- Están muy pendientes de los demás y de no herir a los demás.
- Se siente muy expresivas y si alguien le crítica se sienten humillados.
- Come demasiado, gasta demasiado, se llena de joyas para sentirse
- importante.
- Se ocupa de todos, menos de ella misma.
- Se autocastiga.
- Sus palabras favoritas, estoy hecho una cerda, soy holgazán y tonta.
- Atrae situaciones donde va a ser humillado.

Escribe los hechos de humillación que recuerdas haber vivido.

1...
....

2..
....
3..
....
4..
....
5..
....
....

¿Cómo sano la herida humillación?

1. Acéptate tú no Heres responsable de nadie solo de ti.
2. **Trabaja y siéntete digno (a), rompe tus creencias limitantes**
3. Entender que todo lo que ha pasado en su niñez no fue tu responsabilidad.
4. Perdónate a ti mismo de todo lo que juzgaste de tu pasado.
5. Amor propio.
6. Recuerda eres éxito desde esencia no por tus bienes, títulos o cargos.
7. Trabaja las simulaciones para el desapegarte. (se consciente que nada te pertenece todo es prestado)
8. Nuevas formas de interpretar los hechos de tu pasado desde un lado responsable.

DÍA 11

EL PERDÓN

EL PERDÓN ES SANACIÓN DE MENTE, CUERPO Y ESPÍRITU PRÁCTICO

Perdonar es una de las acciones más difíciles de hacer, ya sea hacer las paces contigo mismo o perdonar a una persona que te ha hecho daño. Sin embargo, practicar el perdón es liberador, beneficioso y aunque no lo creas te mejora como persona. El perdón real es capaz de convertirte en un mejor ser humano.

El perdón en la biblia nos demuestra que es capaz de transformar a las personas en mejores versiones de sí mismas.

Perdonar en si es un acto de fe, de confiar nuevamente y seguir en un camino más feliz y positivo. Por lo anterior, te invito a disfrutar este post, donde te hablare de como la santa biblia nos describe el perdón y como aprender a perdonar de manera real, sincera; para liberarte de la ira, el remordimiento y los sentimientos negativos.

El perdón es poderoso

Muchas personas viven aquejadas por el resentimiento, el remordimiento y la ira. Todas las emociones negativas desencadenan por no auto-perdonarse o perdonar a quienes los dañan.

Guardar resentimientos o tristeza sólo daña a una persona: a ti. Te atrasa, evita tu evolución, te aleja de la abundancia y daña a los que amas.

Perdonar te libera de todo sentimiento negativo y te acerca a la felicidad. No sabes cómo perdonar, pero reconoces que tu alma se ha llenado de sentimientos negativos pesados, no te preocupes tengo el paso a paso para que lo logres

"Porque si perdonaréis a los hombres sus ofensas, os perdonará también a vosotros vuestro Padre celestial; más si no perdonarás a los hombres sus ofensas, tampoco vuestro Padre os perdonará vuestras ofensas." Mateo 6:14-15.

"Más bien, sean bondadosos y compasivos unos con otros, y perdónense vinculados, así como Dios los perdonó a ustedes en Cristo". Efesios 4:32

"EL PERDÓN ES EL ACTO DE AMOR MÁS PURO PARA TU PROPIO BIEN. ES EL ÚNICO ANTÍDOTO PARA LIBERAR EL VENENO QUE HAS DEJADO QUE CIRCULE DENTRO DE TI"

¿Perdonar es fácil o difícil?

Todo lo que yo no comprendo y practico es difícil al inicio
El perdón empieza por perdonarte a ti mismo

PASOS PARA PERDONAR

1. ENTENDER QUE TODOS HACEN LO MEJOR QUE PUEDEN CON EL NIVEL DE CONCIENCIA QUE TIENEN
También herimos y no supimos hacerlo mejor
Librera la culpa de tu cuerpo y se libre
El que te hirió tampoco pudo hacerlo mejor, usó los recursos que tenía en ese nivel de conciencia.

2. EN EL CAMINO DE SABIDURÍA ES NORMAL COMETER ERRORES, NO EXISTE SABIDURÍA SIN ERRORES.
El error es permitido por Dios para hacerte más sabio
Pregúntate ¿Qué necesito aprender de este error o prueba?
El error que cometieron contigo era perfecto para tu despertar de conciencia.
Los supuestos malos me dan la oportunidad de perdonar y evolucionar al amor y vivir libre.
Te perdono y me perdono
Te libero y me libero
Los padres que tienes fueron necesarios para tu proceso evolutivo
Mamá representa el sustento y la conexión con la vida
Y papá representa que tan seguro te sientes en esta vida.
El ego te condena al pecado y luchará con todo para mantenerse vivo gobernando tu mente y tu vida.

3.- TOMAR LA CONCIENCIA DE QUE TU ERES EL ÚNICO ESPONSABIE DEL 100% DE TU VIDA ES LA INTERPRETACIÓN MEDIANTE YO ME HAGO CARGO DE TODO LO QUE ME SUCEDE EN MI VIDA, INCLUYENDO MIS PENSAMIENTOS, SENTIEMIENTOS, ACCIONES Y RESULTADOS E INCLUSO MI SUFRIMIENTO SI NO DECIDO PERDONAR

Ejercicio has tu lista de todas las personas que tu sientes que eliges perdonar desde tu amor a **ti mismo.**

MÉTODO CAPA
1. Comprender
2. Aceptar
3. Perdonar
4. Amarte

Limpia de perdón con cada persona que sientes que debes perdonar ya sea que tu ocasionaste el hecho u otros hicieron a ti.

Liberación Emocional del miedo
Para liberar tus emociones reprimidas de miedo utiliza esta herramienta.
1. Te acepto
2. Me permito
3. Te siento

Cuando tu mente te invade de pensamientos negativos dile: shi.......
Y HÁBLARE CON AUTORIDAD Y DETERMINACIÓN "SOY UN SER INFINITO NO SUJETO A ESTO" soy el hijo de **Dios soy amor, paz, abundancia...dicho esta, hecho esta, señor hágase tu voluntad y** entregas esas energías al universo.

Dejas ir toda esa energía reprimida de tu cuerpo
No huyas del miedo enfréntalos
Yo no soy un cuerpo sino un espíritu.
Dios es eterno, infinito e inmortal
El cielo y el infierno son niveles de conciencia que lo vives en la tierra.
Saca de tu vida la condena y crítica

"Eres suficiente y perfecto para sanar tu vida y dejar que fluya el amor"

Escribe a todas las personas que sientes que aun cuando las recuerdas cambian tus estados emocionales y decide pedir perdón. suelta y elévate por el amor a ti mismo.

....
....
....
....
....
....
....
....
....
....
....
....

DÍA 12

SANANDO A MI NIÑO INTERIOR

Me parece muy interesante tu pregunta sobre qué es eso del Niño Interior. Creo que es fundamental aclarártelo en este punto, porque toda la estructura de mi método parte de sanar y rescatar a este Niño Interno. Hacer esto es ir a la conquista de la verdadera autoestima. El Niño Interior es el núcleo de nuestro ser emocional que comenzó a gestarse en la infancia, en los primeros siete u ocho años de vida. Ir a su rescate es cambiar nuestra programación emocional, es sanar las heridas que se generaron en nuestra niñez y que se han quedado allí hasta el día de hoy, ocasionándonos problemas en nuestro mundo de adulto y que no relacionamos con nuestra infancia. Por ejemplo: "Los problemas que tengo con mi pareja es porque él (o ella) es... necio, ignorante, desconsiderado, celoso, impulsivo, etcétera. Y porque yo soy..". Pero en realidad, esa es la forma, lo que se ve a simple vista. El fondo, en ambos, está en sus heridas emocionales de infancia. Lo mismo pasa con los otros problemas inter o intra personales: si no puedo conservar ningún empleo, si estoy siempre enfermo y me accidento constantemente, si no me hablo con mis hermanos, si odio mi trabajo, si tengo problemas con mis hijos, con mis compañeros de trabajo, si vivo en la depresión o en el resentimiento, etcétera. La mayor parte de los problemas que tenemos como adultos están fuertemente conectados con las heridas generadas durante los primeros años de nuestra vida. Uno piensa que, ante las dificultades, ese señor de cuarenta años está reaccionando, esa abogada con maestría…sin embargo, quien está llevando el control de la tormenta emocional es ese niño lastimado que habita dentro del cuerpo del adulto. Si recuperamos en amor a este Niño que fuimos y que habita en nosotros, y lo "reparentamos" o sea, nos convertimos en nuestra propia madre y nuestro propio padre, este pequeñito lastimado florecerá, lo que significa que nuestra esencia emocional sanará. Entonces, la manera de ver el mundo cambiará y, por ende, la manera de interactuar con él.

Cada individuo puede avanzar enormemente en su evolución interna si se ocupa de sanar las heridas emocionales que tuvo en su infancia, ya que verdaderamente dentro de cada persona existe aún aquella criatura vulnerable que se fue y que se supone quedó en el pasado. Descubrirla, recuperarla y nutrirla en amor es sin duda una de las mejo res cosas que podemos hacer por nosotros mismos; a partir de este punto, el manejo emocional de nuestra vida puede transformarse enormemente para bien.
Todos, absolutamente todos, en algún momento de nuestra infancia fuimos vulnerados en menor o mayor medida... y lo triste es que un gran porcentaje, usualmente ha sido en mayor medida... El niño herido crece, pasa por una adolescencia difícil y se convierte en otro adulto angustiado, estresado, lleno de miedos, de culpa, de violencia hacia él y/o hacia los demás, triste, solo en su interior, viviendo la vida en blanco y negro y haciendo con sus hijos lo mismo que sus padres hicieron con él. Así se va perpetuando el ciclo, con los tristes resultados que hoy vemos reflejados en nuestra sociedad, llena de familias disfuncionales, de aumento de violencia, indiferencia y caos. ¿Cómo parar esta locura? Solamente enfrentando lo que dolió y echando fuera toda esa "basura emocional", para que podamos ver la vida a todo color, disfrutar con agradecimiento de lo hermoso, aprender de los episodios difíciles y amarnos más a nosotros mismos y por lo tanto al prójimo. Nadie puede ser un adulto feliz y completo sin traer al Niño Interior a la superficie, reconociéndolo, recuperándolo y sanándolo, porque: el Niño Interior ES nuestro ser emocional. El Niño Interior es esa parte de nosotros que SIENTE como niño. Está al centro de nuestro ser, al centro de nuestros sentimientos. Es lo que nos da entusiasmo y energía, lo que nos guía con intuición y sensibilidad.

¿Cómo curamos al Niño Interior?

Lo primero es reconocerlo. Es entonces cuando nos vamos a dar cuenta de que nuestras necesidades como niños no fueron cubiertas; necesidades de amor, seguridad, confianza, respeto y guía. La ausencia de esto nos pudo haber llevado a estados crónicos de ansiedad, miedo, vergüenza, culpa, enojo y desesperanza durante nuestra niñez... y adolescencia... y adultez... Conflictos emocionales frecuentes e incluso problemas físicos actuales, son señales de que ese Niño Interior quiere ser escuchado... Como individuos, ¿cómo vamos a crear nuestro mundo adulto sobre los cimientos enclenques de un niño aislado y asustado? Simplemente no se puede. Cuando uno rescata y sana a este niño herido, a este Niño Interior, es posible transformarlo en lo que he llamado "El Niño de la Guarda", nuestra parte sabia, noble, intuitiva y más conectada con la Energía Superior, o sea, nuestra mejor parte. Podemos impulsar nuestra evolución para Ser Mejor Ser, rescatando nuestra verdadera esencia de nosotros mismos. En conciencia, podemos curarnos de nuestras heridas de la infancia. Así que cuando nos abrimos para conectarnos con el Niño Interior, abrimos nuestro corazón a todo lo que es valioso en la existencia. Es así como encontramos la fuente de nuestro verdadero poder: el amor y el respeto profundo a uno mismo. Me gustaría detenerme aquí un momento, para explicar un poco más el funcionamiento del cerebro, de acuerdo a lo que se conoce actualmente respecto a la neurofisiología.

Particularmente quisiera referirme al estudio del doctor John MacLean acerca del Cerebro Triuno (2) Es necesario entender esto para comprender por qué las heridas emocionales de la infancia son las que nos marcan para el resto de nuestra vida hasta que nos ocupemos de sanarlas. El doctor Mac Lean afirma que en realidad tenemos tres cerebros en uno: el primero es lo que él ha llamado el Sistema Reptiliano, donde radican las funciones básicas: respiración, digestión, circulación, etcétera, hasta allí, somos bastante parecidos a las lagartijas.

En la capa superior del cerebro radica el neo córtex o corteza cerebral donde tienen lugar las funciones más sofisticadas de raciocinio: razonamiento lógico, deducciones, memoria de datos, inferencias, hipótesis, etcétera y, finalmente, entre estos dos ámbitos está el Sistema Límbico, el cual está formado fundamentalmente por la amígdala y el hipocampo. Digamos que en este sitio se graba el "disco duro de la memoria emocional". Aquí quedan impresas —en nuestros primeros siete u ocho años de vida— la forma como vamos a reaccionar ante las emociones básicas durante nuestra vida, cómo actuaremos en el manejo de lo que la doctora Miriam Muñoz ha llamado M.A.T.E.A: Miedo, Alegría, Tristeza, Enojo y Amor. De tal suerte que si sufrimos abuso y una buena cantidad de heridas se generaron en nuestros primeros años, la manera como a lo largo de nuestra adolescencia y adultez reaccionamos ante estas emociones tiene su origen en cómo aprendimos a reaccionar de niños. De allí la fundamental importancia de sanar a ese Niño Herido que mora en nuestro interior. Para que nos quede más clara la forma en que muchas veces actuamos, quisiera pedirte que te imagines esta pequeña historia: Es una tarde tranquila, te apetece salir a manejar un rato por la carretera, pues esto te relaja, así que tomas tu automóvil e invitas al paseo a un pequeño, él (o ella) se acomoda en el asiento del copiloto; se ponen los cinturones de seguridad... y parten. Tú vas tranquilo y relajado. Sin embargo, mientras sales de la ciudad y comienza a caer la noche, te das cuenta que unos grandes nubarrones se empiezan a formar en el cielo, y en un breve lapso comienza a caer una tremenda tormenta... ¡Nunca te esperaste esto! ¡La tormenta arrecia cada vez más! No ves ya el camino... difícilmente distingues si hay curva o recta frente a ti, los faros de los vehículos que vienen del otro lado te enceguecen, el agua cae a raudales, tu auto patina en el suelo mojado... vas más nervioso y tenso a cada momento, sientes como tus puños van crispados sobre el volante, quisieras no estar allí, sientes un hueco en el estómago, sabes que la situación es delicada y requiere un gran control... De tal modo, que sin pensarlo más, te detienes a un lado del camino y le dices al pequeño(a) que te acompaña: —"Mira querido(a), esta situación se está poniendo muy fea,

¡así es que te voy a pedir que por favor ahora te pases al volante y seas tú el que maneje!".

Esta actitud que nos podría parecer tan ridícula y absurda de parte de un adulto, desafortunadamente ES la actitud que generalmente se toma cuando se tiene que manejar una "tormenta emocional". El adulto se siente abrumado, copado con la situación emocional desagradable, y entonces, imperceptiblemente y de modo automático e inconsciente, le cede el manejo de ésta al Niño Interior Herido, con los resultados que generalmente se experimentan: "no debería haberlo hecho, cómo lo permití, debí haber actuado diferente", etcétera. Claro, uno no puede hacer algo distinto mientras no se sabe qué es lo que está sucediendo. De ahí la importancia de ir al rescate de este pequeñito que ha sufrido muchas heridas y que ahí sigue, tan desatendido e ignorado. Tocar esas heridas es algo que duele, ¡por supuesto que sí! pero es necesario pasar por ese dolor para sanarlo

Ir al encuentro de este niño implica ir a buscarlo al fondo de uno mismo, como si en nuestro interior hubiese un cuarto oscuro, un calabozo húmedo y lúgubre, donde hubiéramos confinado a vivir, desde hace muchos años, a este pequeñito o pequeñita que fuimos y que seguimos siendo. Tenemos que entender que cada vez que no nos escuchamos, cada ocasión que olvidamos nuestras propias necesidades y deseos, cada vez que nos tratamos con grosería y somos despectivos hacia nosotros mismos, reafirmamos el sitio de ese niño en el calabozo oscuro. ¿Y queremos vivir plenos y felices teniendo a esta criaturita en una mazmorra interna? Tenemos que abrir la puerta de bisagras herrumbradas, permitir que la luz de la conciencia entre en ese sitio oscuro y olvidado, extenderle la mano a nuestro niñito y pedirle que nos permita restablecer un diálogo con él (o ella).

Sólo así encontraremos una vía de rescate emocional que nos permita el reencuentro con la mejor, y más dañada, parte de nuestro Niño Interior. Si logramos hacer este rescate, entonces nos encontraremos en la vía justa para nuestra reconstrucción interna. Sólo así podremos darnos a luz a nosotros mismos, para comenzar a ser realmente un mejor ser... Sólo así.

Cuando se rescata al Niño, y no te permites olvidarlo nunca más, es para siempre. Para el resto de tu vida te acompañará y estará contigo hasta tu último aliento. Lo cual es maravilloso, porque te das cuenta de que nunca más volverás a estar solo. Donde quiera que estés, y sobre todo, cuando más triste, rechazado o deprimido te encuentres, allí será maravilloso estar en mutua compañía... tú con tu Niño y tu Niño contigo.

EJERCICIOS

1.- HABLA CON TU NIÑO INTERIOR Y EXPLICALE COMO ES LA VIDA (por 7 días habla contigo y luego una vez por semana) el secreto está en que te dejes sentir las emociones.

Hoy comprendo ...
Me siento orgulloso que...
Te acepto tal cual eres
Te perdono por...
Te agradezco por...
Te amo
Me comprometo hoy...
Trasciende

☐ Realiza una carta con todo tu amor a tu niño interior. (Luego la quemas)

☐ La segunda carta es del niño a la persona adulta. (La quemas)

☐Tercera carta hazle un compromiso desde todo tu amor a tu niño interior (a que te comprometes a partir de hoy con tu niña o niño) y llévala en tu billetera y léela cada vez que te sientas que no puedes atravesar tus miedos o disfrutar de la vida

Finalmente, esa carta la lees cada mañana por 30 días haciendo una acción por ti cada día para que se forme un hábito inconsciente en tu vida.

SIEMPRE EN CADA EJERCICIO QUE VAS TRABAJANDO PREGÚNTATE

1. ¿Qué aprendiste con el ejercicio?

2. ¿Qué puertas se te están abriendo?

3. ¿De qué te distes cuenta?

4. ¿Qué es lo que elijes soltar después de hacer el ejercicio?

5. ¿En qué tipo de ser humano decides convertirte ahora para pensar, sentir y actuar cada día de hoy en adelante?

LIBERECIÓN EMOCIONAL

Después de estar moviendo emociones, va a ver momentos que vas a estar vulnerable, sensible, ansioso, triste, miedo, es normal es ahí donde debes permitirte ACEPTAR la emoción, permitirte SENTIR la emoción (es la única forma de liberar las emociones reprimidas del alma), y finalmente suelta esa energía al universo (orando, perdonando, escribiendo, interpretando, agradeciendo, gritando, fluyendo...).

Si tienes un dolor las emociones están a flor de piel listas para ser liberadas. (No te resistas acepta, siente y suelta) LA AUTOSANACIÓN ES UN PROCESO DE DÍA A DÍA.

Con lo que aprendiste en este desafío que decisión vas a tomar y ¿En qué tipo de persona elijes convertirte a partir de hoy? sino no lograras el rediseño que buscas.

....
....
....
....
....
....
....
....

DÍA 13

¿POR QUÉ ES IMPORTANTE SANAR CON TU PADRE? COMPARTEN 3 PUNTOS DE PAPÁ SIEMPRE:

1. Me faltó mi padre en mi vida. Estuvo ausente
2. No supe acercarme a él. No pudimos comunicarnos
3. La relación fue desastrosa o la versión fue tan increíble que lo busco en mis padres.

Este escrito es desde el punto de vista femenino. Es la relación con el padre la que determina cuán exitosas o no serán en sus relaciones con los hombres. Un padre es muy importante en la vida de todas las mujeres. **La energía del padre genera fuerza,** confianza, **manejo de límites, poder personal... y es un punto clave, pues determina cómo tener una relación de amor con un hombre**. La hija buscará siempre un hombre que reúna las cualidades de papá. Ese hombre que resuelva las necesidades tanto psicológicas como físicas de la niña pequeña de papá, es decir, hogar, comida, médicos, escuela, diversiones, cariño, respeto del desarrollo sano, estar en paz con la necesidad de pertenencia al grupo familiar. Para las mujeres que tienen o han tenido experiencias paternas negativas, una reconciliación espiritual trae mucha paz y una sensación de protección. Liberarnos de lo malo de papá actúa como factor estabilizante, que es lo propio que le daría el padre: estabilidad, seguridad, fuerza, respaldo y mucho amor. Sí. Es una certeza, todas necesitamos de un padre maravilloso. Analicemos varios puntos sobre este tema:

- Una relación de abandono emocional con el padre en la primera infancia o en la pubertad puede provocar que mujeres exitosas en diversas áreas tengan vidas desastrosas en relación con el amor, pareja y todo lo concerniente a lo emocional.
- Es decir, si papá fue un hombre amoroso y cálido, entonces, esta, como es fácil de imaginar, querrá y podrá encontrar en otro hombre las características tan sanas que componen la personalidad del padre, y que le reflejan sentimientos de vida hacia los hombres.
- La hija traslada la imagen de papá al hombre que ama. Si papá fue funcional es probable que la mujer se sienta inclinada a repetir la experiencia, y busque y encuentre un hombre psicológicamente sano.
.
- Lo ideal es saber soltar el rol de niñas sumisas y actuar responsablemente como adultas y tomar de la figura paterna lo que se necesita.
- Son muchas las mujeres que en nuestras conversaciones comparten voces y paradigmas negativos sobre algunos aspectos de esta importante relación: "mi padre nunca estuvo en casa", "me sentí abandonada por mi padre", "él no sabía expresar amor", "mi padre y yo teníamos mala comunicación", "la relación con mi padre fue un desastre y eso me da mucha tristeza", "siempre busco a mi padre en

mis relaciones con los hombres" ... Desde las **constelaciones familiares** o sistémicas podemos ver que el arquetipo del padre es muy importante para ordenar el clan familiar y la vida misma. Sí. Así es.

- Muchas veces el padre es un hombre controlador y machista: las mujeres sumisas y obedientes. Con miedo a tomar la responsabilidad su vida. Actúan siempre como niñas pequeñas. Constantemente buscan aprobación, cariño y cuidado. Estas mujeres, por lo general, suelen sufrir bastante en sus relaciones amorosas. Así que para poner orden en esta discordancia deben trabajar intensamente su autoestima y su desarrollo personal.

- Cuando la madre no permitió que el padre se acercara más a la hija cuando era pequeña, o no se lo pidió: la niña creerá que los hombres son malos solo por el hecho de ser hombres. Algunas mujeres pueden convertirse en personas que solo se interesen en lograr beneficios económicos de su relación con los hombres. Es probable que sea una manera de cobrar al padre-hombre el que no estuviera con ella.

- Sin juzgar mal a nuestro linaje materno o tatarabuelas, bisabuelas, abuelas y madres que han tolerado infidelidades diremos que cuando una mujer tolera la infidelidad del esposo, su valía disminuye y la autoestima estará por los suelos. Y esa baja autoestima es transmitida a los hijos. Hijos e hijas que en la edad adulta buscarán **relaciones tóxicas**, y se buscará repetir la historia de la madre. Mujeres que en cada relación buscan al padre, al padre compresivo, que la cuide, que la colme de mimos y cuidados que este no le proporcionó en realidad.

- **Cuando el padre siempre está ausente físicamente**: genera hijas necesitadas de pareja. Viven con un miedo terrible al abandono. Se buscarán relaciones dependientes, donde nunca será suficiente el amor ni la atención de la otra persona. Todo eso aumenta la herida. Ellas se buscarán un hombre poco comprometido. Para sanar es importante trabajar el desapego.

- **Cuando la madre vive o vivió con un esposo distante, es seguro que no se conectó de manera adecuada con ese hombre, y mucho menos con las necesidades de sus hijos.**

- Muchísimas veces existe otra mujer en la vida del padre: la hija siente una profunda tristeza, depresión, resentimiento, ira, temor, dolor, deseos de venganza, pensamientos suicidas, enfermedades psicosomáticas. La hija siempre quiere escapar de la casa. Probablemente, puede tener embarazos no deseados. Siempre estará tentada a usar drogas o alcohol para evadir su dolor. Es la niña que en la escuela obtiene bajas calificaciones, o deja la escuela y no continúa estudiando.

- **Los padres divorciados** en muchas ocasiones se vuelven "presencia" a través de regalos, de visitas al centro comercial, de una llamada telefónica. Esto no llenará el vacío físico y amoroso del padre. Mientras el padre no se despoje de la ira que siente hacia la exesposa, no estará emocionalmente disponible para la hija.

- **El padre violento**: crea mujeres sometidas y víctimas de agresión. Suelen ser conflictivas y poco responsables con su seguridad personal. Es muy importante trabajar la sanación desde el cuidado personal, además de mostrar nuevas opciones de relacionarse.

Esto conforma una personalidad disfuncional. Y no logras estar tranquila y ser feliz como mujer. Por esa razón, no escoges un hombre que sepa amar. Es decir, un hombre que se ame a sí mismo, y acepte quien es en realidad, sin juicios. No atraes a un hombre amoroso que acepte a los demás, que no viva solo centrado todo el tiempo en lo que quiere para sí mismo.

El príncipe azul no existe. Es la figura ideal y no permite a la mujer seleccionar sanamente a su marido. Debe liberar y trabajar el corte del lazo energético y el desprendimiento. Así podría elegir a su hombre sin falsas expectativas.

Si hay algo que reparar no perdamos tiempo y hagámoslo. Reconcíliate con la figura paterna y sé agradecida simplemente porque te dio la vida.

Es necesario sanar la herida paterna. Y lo podemos hacer desde el poder la intención de la palabra en la escritura de una carta. Puedes escribir esta carta las veces que consideres necesario. Después, quémala. Colócala en una maceta o jardín. Transmuta en luz y amor todo lo discordante. Entrega todo lo negativo de la relación con papá en las manos de Dios. Conéctate con la energía del creador. Manifiesta orden en tus sentimientos y emociones. Te escribo todo esto desde mi propia experiencia de sanación. Cuando sientas tranquilidad en tu corazón, entonces, todo estará bien. Sí a continuación, te entrego la carta para sanar la relación con mi padre:

¿CÓMO SANAR CON PAPÁ?

Padre ausente pide que te dé un abraso.
En tu mente repite: papá tomo mi energía. Me vuelvo poderosa, segura y fuerte.
Acepto mi responsabilidad para conducir mi vida como la mujer adulta que ahora soy.
Escribe una carta con puño donde saldes cuentas pendientes no la entregarás es para ti. Terminada léela en voz alta y quémala.
Valora las cosas positivas. (por difícil que sea tu caso) te permite liberar el resentimiento la única beneficiada serás tú.
Repítelo 3 ves este mantra.
Papá tú eres el grande
Papá tu eres responsable de lo que has hecho

Tu das la vida y yo la tomo
Ahora transformo la manera que me percibo a mi misma, ahora sano la relación contigo papá gracias, gracias y gracias. Esto se esta manifestando en este instante.

PASOS A CONSIDERAR PARA LA CARTA

PASO 1 (poner en manos de Dios o un ser superior a su padre) Padre que Dios te bendiga hoy y siempre te acepto como el grande que eres.

PASO 2 Vas a contar tu historia lo que a ti te dolió, sin juzgar a tu padre. Por ejemplo: papá me dolió que no te ocuparas de mí, que siempre estes preocupado por tus cosas, también me dolió no recibir muestras de afecto de tu parte, etc. Cuenta todo tu dolor y permítete sentir todas las emociones.

PASO 3 Ve un futuro lleno de amor, paz y alegría para tu padre. Ejemplo: Deseo un futuro lleno de paz, amor, alegría, abundancia económica y que dios te conceda lo que tu tanto anhelas en tu vida. Gracias, gracias, gracias, paz y amor para ti y tus seres queridos. Pídelo perdón desde ese amor infinito,

Para un nuevo ser limpio debes charlar, contar, expresarte y desahogarte, hay que sacar todo fuera para que te conectes con el amor.

Yo_____ (escribe tu nombre y apellidos completos) en este acto de puño y letra decreto que aquí y ahora yo honro mi linaje masculino y te honro a ti, papá. Gracias por el maravilloso regalo de la vida. Desde antes de nacer tú cocreaste con Dios padre celestial un cordón de luz y amor de tu corazón a mi corazón, para unirte conmigo. Gracias, papá, y que Dios te bendiga. Yo coloco luz y amor a toda memoria de dolor, memorias de miedos, memorias de tristeza, de enojo y su consecuente **karma** en nuestras vidas. Sé que me he convertido en quien hoy soy gracias a tus aportes, buenos y malos. Todo lo que necesite corregir y mejorar es ya labor mía, asumo la responsabilidad de sanar. Me acepto y te acepto, y sé que haré lo mejor de lo mejor con mi vida. Aquí y ahora te respeto, te reconozco, te acepto y te amo incondicionalmente porque de ti he aprendido cómo protegerme, proveerme y cuidarme. Gracias por tu energía, papá. Yo soy responsable de lo que yo acepté e integré en mí como verdadero. Papá, reconozco que has cumplido tu labor de la mejor manera posible de acuerdo con tus propios recursos y dando cumplimiento al contrato de alma que ambos acordamos. Me libero y te libero de cualquier sufrimiento o memoria de dolor herencia de nuestros ancestros. Papá, agradezco todas las lecciones de vida. Padre, tu mirada me ha enseñado a ser mirada y reconocida por los hombres que amo y he amado. Padre mío, tu amor es el que me ha mostrado cómo merezco ser amada. Yo asumo mi proceso y la responsabilidad de sanar con los otros hombres, de todo lo que haya quedado pendiente contigo. Y, si hubo algunas carencias, sé que fui yo quien te eligió así para, precisamente, aprender muchas lecciones de esa experiencia. Papá, gracias por la confianza para mostrar mi fuerza. Así es. Es una certeza. Gracias.

EJERCICIO SANA CON PAPÁ

A) Habla cada mañana o noche con PAPÁ hasta que sientas una conexión de amor, compasión y gratitud al mirar sus ojos.

De lo que te dolió...
Pídele perdón...
Has un compromiso...
Te libero/te acepto/te amo…

B) Realiza una carta a papá

C) Si lo tienes con vida sal a solas con papá y realiza una conversación profunda desde tu amor. Si ya no está presente escríbele la carta desde todo tu amor y llévala en tu cartera.

Padre me siento feliz de ser quien soy, me amo con todo mi corazón y disfruto inmensamente estar viva. Gracias por traerme a este mundo.

Con lo que aprendiste en este desafío que decisión vas a tomar y ¿En qué tipo de persona elijes convertirte a partir de hoy con tu padre? sino no lograras conectar con la energía de padre.

....
....
....
....
....
....
....
....

DÍA 14

¿POR QUÉ ES IMPORTANTE SANAR CON TU MADRE?

Si cada uno de nosotros pudiera ver la importancia de tomar verdaderamente y con amor la energía de mamá y papá **y todo lo que está relacionado con ella, podríamos abrirnos a las múltiples posibilidades que esto conlleva.**

El libro sagrado esta como ley de prosperidad y abundancia para una vida plena.
Honrar la cadena de autoridad.
- La relación con mamá influye en muchas esferas de tu vida, que van desde la percepción de tu cuerpo hasta tu pareja y tu economía.
- Por ello, sanar la relación con el vínculo materno permite que avances y te abras a nuevas posibilidades de vida.
- La relación que tenemos con la vida
- Si no sanas con tu madre vas a tener ganas de suicidarte de irte de esta vida y la desconexión con el dinero solo lo tendrás para la supervivencia.
- La madre es un símbolo una proyección de ti mismo.
- El abandono de madre no tiene que ver con que te dejo mamá sino la separación al momento de nacer.

- Sierra los ojos y pon de frente a tu madre (lo que sientes esa es la relación con tu madre)
- Si sanas vas a tener la razón por vivir.
- Si supieras auto-sanarte no te quitarías la vida
- Tu relación al dinero influye la relación que tienes con tu madre.
- Si tu relación con tu madre es con enojo así estas enojado con la vida.

¿CÓMO ES TU RELACIÓN CON TU MADRE?

El honrar (aceptarla tal cual es sin intentar cambiarla) a tu madre siempre debe ser una prioridad, respeta su espacio, tiempo, gustos y preferencias. Si eres madre, empieza por respetarte a ti misma, es más fácil que te respeten cuando **tú** misma lo haces.

El alma depende de ti madre la vibración emana de ti al universo, basado en cuanto te has limpiado, para que llame a un alma más grande.

Benditas madres de carácter que rompes cadenas en esta vida, son bendecidas por eso.

Hoy las personas no quieren sentir sus emociones por eso no sanas

Si sanas vas a tener la razón por vivir.

Si no te reconcilias vas a tener mucha violencia en tu entorno.

Prefiero ya no sentir que sentir la vida.

¿CÓMO SANAR CON MAMÁ?

Entender el hecho de la vida para aceptar, porque fue tu alma que eligió a tu madre para venir experimentar la vida.

Entender que todo lo que hiso mamá desde su nivel de conciencia es lo único que podía hacer, así como hoy tu es lo único y mejor que sabes hacer a tu nivel de conciencia.

Auto perdónate y perdona su alma de tu madre.
Aprende auto sanarte escuchando tu cuerpo
Entra experimentar tus emociones abraza, siente y suelta tus emociones.
Toma responsabilidad de tus emociones y tu vida.
Recuerda experimentar y sentir y sobre todo abrasar esta vida.

Mamá tu eres la grande
Mamá tu das yo lo tomo
Y te acepto tal y como eres
Acepto que eres mi mamá
La única que tengo
Renuncio a cambiarte
Te devuelvo tus cargas mamá
Tu destino y el mío son distintos.
Te amo

Madre me siento feliz de ser quien soy me amo con todo mi corazón y disfruto inmensamente de estar viva, gracias por darme la vida.

CARTA PARA SANAR CON MAMÁ

Conmovedora carta para sanar con mamá, carta para liberar y sanar nuestras emociones reprimidas que en ocasiones dejamos de lado, está carta para mamá nos permite reflexionar sobre nuestra madre y en lo posible curar las heridas que pudiésemos tener debido a diversos eventos.

Madre, necesito sanar contigo para poder vivir mi propia vida en armonía. Eres el canal que elegí para vivir esta experiencia física. Te escogí porque eras perfecta para mí. Gracias mamá, lo hiciste estupendo.

Mi niña herida ha estado muy resentida contigo durante todos estos años. Te cerré mi corazón desde hace mucho. Pero eso me ha mantenido atada al dolor, a un dolor que ya no quiero en mi corazón.

No soy tu víctima porque sé que hiciste lo mejor que podías con lo que tenías y sabías. Ahora estoy libre para crecer, evolucionar y reconciliarme contigo. Reconozco a la niña herida que hay en mí y aprendo a darle todo el amor y aceptación que no recibió de la forma que ella esperaba.

Me alejé de ti creyendo que con eso iba a evitar el dolor, pero el dolor de no sentirme amada tal y como soy, de no sentirme suficiente; me ha hecho ir por el mundo buscando un amor y aprobación que nadie podrá nunca darme y ello me ha hecho sufrir mucho.

He vivido demandando amor constantemente a través de "ser buena", "ponerme hasta el final", "dar de más", buscar aprobación, permitir abusos, querer permanecer, lograr reconocimiento profesional, sufrir por lo que los demás digan o piensen de mí, etc., …

Hoy estoy decidida a consolar y sanar a mi niña herida. Necesito reconectarme contigo porque a través de ti es que me reconecto con la vida y con toda mi fuerza interior.

Pido al gran espíritu poder ver a la mujer que eres sin juicios, poder ver todas tus decisiones sin juicios y poder aceptarte tal y como eres sin que me duela. En la medida que te acepto, me reconcilio conmigo misma, porque tú eres la semilla de donde parto y la que me permite desplegar todo mi potencial.

'Mamá tú y yo somos una" 'Mamá tú y yo somos una" 'Mamá tú y yo somos una" Yo no soy más grande que tú, no debo sentenciarte. Tú eres el mar y yo el río que nace de ti.

La vida y la madre son más grande que uno y ante ello sólo queda aceptar y rendirse con la mejor disposición. Y así lo hago ahora.

Esto es un trabajo interno en el cual cada día te acepto en mi corazón con todos tus defectos y virtudes. Sin expectativas. Sin esperar que tú cambies, ni que lo veas, ni me lo reconozcas. Lo hago por mí y por toda mi descendencia.

Te honro y te respeto tal y como eres. Gracias por darme la vida. Honro tu vida tal y como ha sido. Honro mi vida tal y como es. No me quedo atascada en resolver tus problemas, te dejo con tus propias cargas porque sé que tú puedes con todas las circunstancias que has elegido en tu vida.

Me libero de todas las cargas tuyas que no me corresponden y quedo liberada para enfocarme en mi vida, en mis proyectos, en mis anhelos. Veo más allá, mi niña interior empieza a calmarse, ya no estoy sedienta de amor, cariño, reconocimiento, aprobación y atención.

Desarrollo mi amor propio y mi corazón se llena de júbilo. Sano cuando dejo de querer cambiarte. Mi energía ya no está en eso, estoy enfocada en vivir mi vida. La vida que me pertenece.

Puedo alejarte de mi vida, pero no de mi corazón. La madre y la vida van unidas, no existen la una sin la otra, tomar a la madre es tomar a la vida sin juicios y sin tapujos, es un Sí a la vida, es un Sí al cuidado, a la nutrición, ternura, amabilidad; es un Sí hacia un amor más grande por mí misma.

Te prometo que voy a ser una persona feliz; que voy a amarme más que a nada en este mundo y voy a disfrutar mi vida al máximo. Que siempre voy a rodearme de personas que me amen, me respeten, me valoren y me den mi lugar. Que creeré en mí y seré consciente de lo hermosa, talentosa y maravillosa que soy. Que voy a hacer mis sueños realidad desde mi más grande gozo, libertad, pasión y aprecio. Que viviré en abundancia, conectada con mi guía interior, tomando las mejores decisiones para mí.

Tomo la Vida. Te honro y te bendigo madre. Tú eres la grande y soy la pequeña. Te pido permiso para hacerlo diferente. Estoy lista para cambiar la historia de todo nuestro linaje y descendencia.

Madre me siento feliz de ser quien soy, me amo con todo mi corazón y disfruto inmensamente estar viva. Gracias por traerme a este mundo.

EJERCICIO SANA CON MI MADRE

A) Habla cada mañana o noche con tu madre hasta que sientas una conexión de amor, compasión y gratitud al mirar sus ojos.

De lo que te dolió...
Pídele perdón...
Has un compromiso...
Te libero/te acepto/te amo…

B) Realiza una carta a tu madre.

C) Si lo tienes con vida sal a solas con tu madre y realiza una conversación profunda desde tu amor. Si ya no está presente escríbele la carta desde todo tu amor y llévala en tu cartera.

Madre me siento feliz de ser quien soy, me amo con todo mi corazón y disfruto inmensamente estar viva. Gracias por traerme a este mundo.

Con lo que aprendiste en este desafío que decisión vas a tomar y ¿En qué tipo de persona elijes convertirte a partir de hoy con tu padre? sino no lograras conectar con la energía de madre.

....
....
....
....
....
....
....
....

DIA15

NO NECESITAS LA APROBACIÓN DE LOS DEMAS

QUE DIRÁN

Millones de personas dejan de ser felices y no toman decisiones que les podrían cambiar la vida increíblemente por estar esperando caer bien a sus padres, amigos, novia, familiares o influencia. Recuerda ahora ya eres adulto y tu responsabilidad de trabajar tu felicidad ve a rescatar a ese niño de todo el pasado acéptalo y ámalo tal como es.

En mi transformación, hasta mis 24 años me invadió el miedo, la vergüenza y el que dirá la gente, hasta que empecé a entrenarme en el ser para construir el carácter y empezar a tomar decisiones que me ayuden a cumplir mi propósito de vida.

Sim embargo tú tienes que saber que tú nunca crecerás emocionalmente si no te arriesgas temprano para ganar experiencia. Recuerda que la experiencia no se puede comprar en el mercado, te la tienes que ganar sí o sí.

LOS ERRORES SON EL CAMINO A LA SABIDURÍA

Imagínate un gran amigo mío un día llega todo deprimido porque su novia le había dejado y me dice Ricardo yo no tengo suerte en el amor, le conteste cuántos años tienes 28 y le dije: cuantas novias has tenido a tus 28 años, no me quería decir hasta que me dice solo una, razón principal porque te duele tanto, y es necesario que pase para que empiece tu cerebro a trabajar y madurar el musculo mental.

Ese es el principal motivo de que nuestro cerebro se vuelve más tieso a cuanta más edad tenemos sino ha sido entrenado y el dolor es más fuerte a la hora de levantarte. Por eso cientos de personas tienen mucho dolor al levantarse y prefieren hacerse victimas toda su vida y quedarse ahí frustrados culpando a los demás de su incapacidad de no lograr sus sueños.

recuerda que si te importa la opinión de los demás que te acepten y te duele cuando te critican en porque tienes reprimido miedo de los rechazos e injusticias que viviste y las que te haces a ti mismo. la manera de sanar tu vida es seguir perdonándote y perdonando para llegues aceptarte y amarte tal y como eres.

Cuanto más temprano empiezas arriesgarte y a sanar tu vida más rápido trabaja tu mentalidad y rápido ganaras experiencia para resolver los problemas que la vida que nos manda. Cuanto más experto en resolver tus problemas te conviertas más riqueza construirás en cada área de tu vida.

El detalle no está si te caíste, el trabajo este si estamos preparados mentalmente y emocionalmente para levantarte de cualquier problema.

Nunca busques la aprobación de los demás y si consultas se sabio rodéate de personas que enriquezcan tu conocimiento de caso contrario terminarás pobre quebrado y arruinado.

El ego siempre querrá seguir vivo gobernando tu vida, tu eliges a partir de hoy seguir sanando tu vida, reprogramándote o abandonar.

4 LEYES DEL ESPEJO PARA AUTOCONOCETE

1.- Todo lo que te molesta, enoja o quieras cambiar a otra persona es lo que te molesta de ti o quieres cambiar en ti.
2.- Si el otro te juzga, crítica o quiere cambiar algo en ti y esto te hiere es porque lo tienes reprimido. Lo tendrás que trabajar para tu propio crecimiento.
3.- Todo lo que otra persona critique, juzgue de ti o te quiera cambiar de ti solo es una proyección y le pertenece a esa persona.
4.- Todo lo que te gusta de la otra persona es lo que reconoces en ti y lo que amas de ti mismo.

Entonces hagas lo que hagas la gente te va a criticar, solo hazlo y punto sigue a tu corazón si tu sientes que es el beneficio de ti y la familia. Adelante.

Ejercicio

**Hoy atrévete hacer el ridículo acciones que nunca en tu vida has hecho y me mandas evidencias de cómo te sentiste.
Atrévete a tomar decisiones por tu cuenta y atrévete a ser conversaciones profundas desde el corazón no de tu razón con los equipos de tu vida.**

Recuerda que el ego su trabajo es hacerte recordar que el existe siempre querrá seguir vivo gobernando tu vida, ahora eres consciente que tú ser está listo para evolucionar a otro nivel de conciencia para conectarse con el amor.

Eres suficiente y perfecto (a) para sanar tu vida, créetelo

DÍA 16

DEJAR IR

Dejar ir, aprender a soltar.
El cambio es una constante en la vida. Nosotros cambiamos, nuestro entorno cambia y también nuestras relaciones. Algunas con el tiempo desaparecen, y otras se fortalecen. Lo importante es saber identificar el momento de "dejar ir", y no aferrarnos a aquello que ya no funciona, solo por el miedo a la pérdida. Es necesario deshacerse de muchos apegos, para poder llenar nuestra vida de nuevas experiencias, personas, cosas y momentos. Y en este post vamos a conocer algunas claves que nos pueden ayudar en esta compleja tarea.

¿Qué significa soltar?
Dejar ir significar soltar, dejar partir, no aferrarnos a situaciones, cosas o personas que nos hacen daño, que no nos aportan calidad de vida o que ya se han ido… es aceptar un cambio en nuestra vida. Podemos vivir la experiencia de dejar ir como una pérdida emocional y/o material, pero hay que tener en cuenta que, en muchas ocasiones, más que una pérdida va a suponer un enriquecimiento en nuestra vida. Dejar ir es, por tanto, un proceso de cambio, de liberación y de aceptación de la realidad.

¿Cómo saber que es el momento de soltar?
Son muchas las circunstancias o situaciones que nos pueden llevar a la necesidad de "dejar ir".

- La ruptura con una pareja o amigo
- Un cambio de trabajo.
- Cambio de hábitos de vida o de residencia…
- Cambio de prioridades: dejar ir un proyecto que tenía entre manos.

- Pérdida familiar o amigos, etc.

Aunque también es importante hacer referencia a la necesidad de dejar ir ideas, comportamientos o creencias a las que nos mantenemos atados y que no nos hacen ningún bien para ser felices.

Las personas nos sentimos más seguras ante lo conocido, por eso en estos momentos de la vida donde tenemos que dejar marchar puede aparecer el temor o la incertidumbre. Son situaciones que, si no se gestionan de forma adecuada, pueden afectar a nuestro bienestar emocional.

Claves para dejar ir.

No existe un manual de instrucciones ni una fórmula mágica para dejar ir a alguien o algo sin sufrir. Pero sí que existen algunas claves que nos pueden ayudar a que el proceso sea menos doloroso. Aquí te dejo algunas recomendaciones:

- **Sé honesto contigo mismo y permítete expresar tu dolor.** Cuando algo se acaba, duele. Y nos tenemos que dar permiso para llorar o desahogarnos, pero también para recordar todo lo que nos aportó mientras duró.
- Si crees en Dios sabes que no te mandará nada que no puedas resolver, el sabe perfectamente que ello te hará despertar tu conciencia para acercarte al amor y la verdad para hacerte libre.

- **Autocontrol y evitar exposiciones innecesarias.** Cuando estamos en un proceso de ruptura es normal que tendamos a buscar espacios de encuentro con esa persona, o que busquemos en redes sociales como va su vida. ¡Cuidado! Esto no nos hace ningún bien. Sólo alargará el proceso.
- **Experimenta cosas nuevas.** Intenta canalizar tu energía hacia nuevos proyectos o experiencias. Quizás sea el momento de apuntarte a esa clase de yoga, de

baile o de pintura que llevas queriendo hacer tanto tiempo.
- **No te culpabilices y acepta la realidad tal como es.** Este no es el momento de preguntarnos si el haber actuado diferente, hubiera evitado esta situación. En lugar de culpabilizarte, aprende de la experiencia.
- **Rodéate de esas personas que te hacen sentir bien.** Apoyarte en aquellos que te quieren y te conocen bien te ayudará a pasar esta etapa.
- Al aferrarnos a algo que lejos de aportarnos, merma nuestra calidad de vida, estamos impidiendo que nos pasen cosas nuevas que sí nos pueden aportar más felicidad.
- Recuerda que la vida no te quita cosas o personas que vas a necesitar en un futuro. La vida se encarga de sacar y poner las personas necesarias.
- Recuerda que ha esta vida llegaste sin nada y sin nada regresaremos todo lo demás es prestado. Vívelo.

Escribe en una hoja todo lo que sientas que necesitas soltar desde pensamientos, hábitos, formas de ser, personas, cosas, etc.

Con lo que aprendiste en este desafío que decisión vas a tomar y ¿En qué tipo de persona elijes convertirte a partir de hoy? sino no lograras SOLTAR no podrás ser libre para volar.

....
....
....
....
....
....
....
....

Eres suficiente y capaz para sanar tu vida. Te amo

DÍA 17

EL APEGO

El APEGO Es una ley universal que está comprobado científicamente me creas o no, que dice; desapégate de todo lo que te impide crecer, avanzar y ser feliz. Los seres humanos para refugiarnos y no sentirnos desde que somos bebes nos vamos separando de nuestra esencia original y dejamos nuestro valor a las cosas externas como a bienes materiales, personas, lugares, religión, etc. cómo no tienes control de ello siempre vivirás sintiéndote vacío e infeliz. Entonces que hacer, ir a tu interior descubrir todo tu valor que tienes dentro de ti, para que aceptes todo el amor infinito del universo y desde ese amor puedas disfrutar todos los regalos de la vida que te puede dar.

En las relaciones de pareja es muy importante diferenciar que es el amor y que es el apego.
El amor se basa en la libertad de ser y de dejar ser, no se espera que el otro sea como queremos que sea, la pareja te anima a ser tú mismo, a crecer, confiar en ti, en tus capacidades y valores y te anima a perseguir tus sueños. El amor es desinteresado, quiere hacer feliz al otro. En el amor predomina la aceptación, la alegría, la confianza, la libertad, el perdón, la conciliación. El amor es generoso favorece el crecimiento mutuo, se fomenta el uno al otro lo mejor de cada uno, el amor es eterno sobrevive al paso del tiempo, aunque la relación fracase siempre se desea lo mejor al otro porque es un amor incondicional, el amor no se acumula cuentas que saldar, el amor dice "elijo compartir experiencias juntos porque me amo y porque te amo también decido soltarte si veo y siento que juntos nos hacemos daño.
El apego sin embargo dice. "Te amo, quiero que me hagas feliz". El apego se sustenta en la creencia de que esa vinculación con la pareja te va hacer feliz te va a dar seguridad y sentido a tu vida, en el apego se limita el crecimiento del otro, se siente un deseo insaciable por la otra persona en el que predominan la ansiedad y el miedo de perderla.

En el apego se anula tanto la libertad de la pareja como la propia ya que el apego conlleva dependencia y la incapacidad de tener control en nosotros mismos. En el apego la persona es egoísta, se controla a la pareja, se la chantajea y manipula para evitar que te abandone, se la hace responsable de nuestra felicidad, es decir si no se es feliz siempre es porque la pareja no te da, hace, siente, piensa lo que necesitas y se ve como un fracaso del otro.

En el apego se da resentimiento y sensación de traición basados en la creencia de que el otro tiene la obligación de hacerte feliz. Cuando hay apego a pesar de verificar que no se es feliz en la relación no se puede dejar con facilidad, es frecuente ver personas que cuanto peor va una relación ,por el predominio de apego , más se aferran a la pareja , más dependientes se vuelven más obsesionados y angustiados están por el miedo al abandono , predomina la incapacidad de decir No a cualquier propuesta , situación , circunstancia que la pareja proponga por miedo a que pueda ser el motivo por el que le puedan dejar , se convierte en una incapacidad de poder dejar la relación aunque te haga daño. Las relaciones que piensan que se van a sentir completos a través de la relación con el otro están destinadas a ser tóxicas.

El apego es dolor, rencor, miedo, es retener al otro, pérdida del propio control, es imposición, es compulsivo, obsesivo, se siente síndrome de Abstinencia cuando no se está con la otra persona, es dependiente y adictivo, la persona que lo siente pierde la capacidad de disfrutar de la vida. El apego es uno de los grandes venenos de la humanidad para superarlo y salir del dolor y el sufrimiento hay que renunciar a los celos, la envidia, el miedo y hay que desarrollar emociones y valores que den felicidad como son la bondad, la compasión, la generosidad, la alegría, la empatía, la renuncia, y la comprensión.

En teoría, lo sano en una pareja es que las personas deberían estar juntas sintiéndose satisfechas cada uno consigo mismo y valorando eso en la otra persona, en vez de esperar que el otro les dé ese sentimiento de bienestar que no sienten por sí mismos. Es frecuente que cuando una pareja se conoce proyectan el uno en el otro todas las ideas, deseos y fantasías románticas que realmente es imposible que la pareja pueda satisfacer y cuanto más se profundiza en la pareja más nos damos cuenta que ni él es el príncipe azul ni ella es la princesa de los cuentos de hadas sino que es una persona común y corriente con sus virtudes y defectos. El amor realmente empieza cuando aceptas y quieres a la otra persona como realmente es y siendo así te agrada, te atrae y lo eliges como persona. Amar de verdad es algo que hay que aprender.

7. puntos clave para practicar el desapego, el camino hacia tu orden interior

"Dejar ir" se dice tan fácil... pero soltar, deshacernos de las cosas o los sentimientos, desprenderse, no siempre es tan sencillo como quisiéramos; somos seres de memorias y recuerdos y estamos acostumbrados a aferrarnos a aquello que en algún momento nos hizo sentir bien. Lamentablemente no todos esos sentimientos siempre son positivos y, aunque en el pasado nos regalaron buenos momentos, puede que muchos de esos objetos o personas no son lo que mejor nos hacen sentir en el presente. Paradójicamente los seres humanos nacemos necesitando, dependemos de una madre para sobrevivir; somos entes de relaciones por lo que durante nuestra vida necesitamos de otras personas para garantizar nuestra salud física y emocional. Asimismo, hemos creado cierta necesidad por los objetos y la tecnología, por ejemplo. Sin embargo, el apego se vuelve negativo cuando esta necesidad se transforma en dependencia y ansiedad, cuando sentimos que al perder algo o a alguien nos quedamos indefensos y no podemos enfrentar las situaciones que la vida nos presenta. Es por esto por lo que practicar el desapego se convierte en una clave para alcanzar la felicidad.

¿Cómo practicar el desapego?

Practicar el desapego es el primer paso para liberarnos de los excesos que nos amarran, esto nos ayudará a apreciar e involucrarnos en las cosas de una manera más saludable y equilibrada, para ello te invito a revisar estos 5 puntos clave que te ayudarán a dar el primer paso hacia una vida sin cadenas.

1.- Toma conciencia del desapego (ser consiente que nada te pertenece). El primer paso siempre es ACEPTAR que debemos y queremos desapegarnos de alguien o de algo. No confundas aceptar con resignación ni conformismo; tomar consciencia y aceptar es darte cuenta y es hacerte responsable de que ya no te hace falta ni tampoco te hace feliz.

Es la conciencia de que llegaste a este mundo solo sin nada y sin nada regresaremos todo lo demás es prestado y lo vas a disfrutar solo cuando tú te encuentres a ti mismo.

Al hacer esto darás el primer paso hacia tu transformación

2.- Aprende a ser responsable de ti mismo. La responsabilidad es un principio fundamental del desapego. Nosotros somos responsables de nuestra existencia, lo que no hagamos nosotros por nuestra persona, nadie más lo hará, de modo que evita depositar en otros tu felicidad. La felicidad no depende de una pareja o de un trabajo, tampoco de un vestido nuevo. Cultiva tu propio bienestar, no dejes nunca que tu bienestar, dependa de opiniones o consejos ajenos. La única persona que debe cumplir tus expectativas eres tú mism@.

Ser responsable es aceptar los frutos (me refiero a todo tu mundo interior y exterior) que tienes porque tu lo has construido con tus propias decisiones no existe el otro, el otro solo es el espejo de lo que tienes que sanar de tu propia vida.

Si buscas un culpable siembre lo vas a encontrar y nunca vas a poder sanar tu vida.

3.- Aprende a dar desde el amor incondicional. A partir de hoy da de una manera que no esperes nada de esa persona si del universo porque estás haciendo una siembra cada vez que ayudas. Dar es un gran ejercicio para practicar el desapego, pocas cosas hay tan satisfactorias como compartir lo que uno tiene; cuando encuentras la felicidad en dar con amor y generosidad, perderás el miedo a que eso que das tal vez no regrese. Con esta actitud estás generando, además, un flujo de energía positiva trayendo a tu vida todo lo bueno que has dado.

4.- Vive el presente. Tendemos a cargar durante años aquellas cosas que en el pasado nos hicieron sentir mal, generando un trauma o bien, tendemos a aferrarnos a aquello que nos hizo sentir muy bien y que ya no tenemos, generando frustraciones. Estos apegos llegan a ser tan fuertes, que únicamente provocan que nos olvidemos de lo más importante: vivir el presente. Vivir de recuerdos nos puede hacer perder la perspectiva y el foco en lo que realmente importa. Recuerda que el presente es lo único que de verdad puedes alterar, el presente es tu oportunidad de encaminar las cosas hacia un brillante futuro.

5.- Asume las pérdidas. Como dice el dicho "nada es para siempre" y eso es con lo que tenemos que lidiar todos los días, pues todo en la vida es temporal. La buena noticia es que esto funciona para bien y para transformarnos: las cosas buenas van y vienen, no debemos darlas por hecho y es mejor que las disfrutemos al máximo cuando se presenten. Las cosas malas, es la presión que dios te da la oportunidad de transformarte no debemos asustarnos o llenarnos de miedo, pues al igual que las buenas, tarde o temprano se irán. Asumir las pérdidas nos librará del miedo y nos empujará a una vida llena de sorpresas.

6.- LAS SIMULACIONES
Un ejercicio que te ayudará a tomar conciencia de la vida es empezar a imaginarte que pasaría si mi pareja fallece o se va y nunca sabes de el o ella.
Las personas nunca nos imaginamos el otro lado de la vida, siempre nos mentimos y creemos que estará ahí para siempre, ese es el problema que al final pasa y nos quedamos sufriendo incluso toda la vida.
Entonces hoy practica estas preguntas difíciles.
¿Qué pasa si mi hijo se va o fallece?, ¿Qué hago si me quiebro y no tengo ningún sol? ¿Qué hago si me enfermo con una enfermedad incurable?, etc. Como reaccionarías como saldrías a delante. Cual sería el motivo para que sigas viviendo.
7.- ORA Y SUELTA TODAS TUS PREOCUPACIONES.
Orar es descargarle todas tus preocupaciones, miedos, etc. Al creador del universo y pedir que te cuide, guie, proteja y se haga su voluntad.

Finalmente, y resumiendo, recuerda que practicar el desapego no se trata de llegar a casa y tirar todo por la ventana, o quedarte sol@ para no depender de nadie. Se trata de liberarte de todo aquello que no le hace bien a tu vida y reforzar aquello que te hace sentir más libre y más ligero; significa sacar la basura de los cajones y llenarlos de energía positiva.

Te amo te veo grande brillando y viviendo al máximo el aquí y él ahora lo único que tenemos seguro tú y yo.

Con lo que aprendiste en este desafío que decisión vas a tomar y ¿En qué tipo de persona elijes convertirte a partir de hoy?.

....
....
....
....
....
....
....
....
....
....
....
....
....
....
....
....
....
....

Felicítate y reconócete estas encaminado (a) a tu nuevo despertar de conciencia

DÍA 18

SANAR CON DIOS CREADOR DEL UNIVERSO.

Sanar con Dios es aceptar que existe un creador de tu existencia él que mantiene latiendo tu corazón es una chispa del su espíritu y que todo lo que te sucedió o estas viviendo él no te dio porque te quiere ver sufrir al contrario quiere que gracias a esos hechos te acerques a él y lo aceptes en tu corazón y salgas a compartir al mundo ese llamado que te designo. Entonces perdona y suelta toda la energía de faja vibración que acumulaste durante toda tu vida, para que tu alma quede limpia y puedas aceptar el amor, la paz, la felicidad y la abundancia.

Eres un hijo de Dios

Antes de orar, dedica unos minutos a entusiasmarte. Estás a punto de hablar con Alguien que te ama más de lo que puedas imaginar.

Dios está interesado en tu vida.

Nuestro Padre Celestial desea que seas feliz y Él tiene cosas que decirte. Mediante el poder de la oración, puedes obtener respuestas a tus preguntas y recibir las bendiciones que Dios tiene reservadas para ti.

Puedes hablar con Dios

Tanto si horas para recibir sanación, guía o paz, conéctate con Dios por medio de la oración. Él te comprende. Él espera que lo busques en oración para que Él pueda guiarte, elevarte y consolarte.

¿Cómo hacer que tus oraciones sean más significativas?

"El alma se limpia con el perdón, se hidrata con oración, se nutre con la palabra, se protege con la fe y se tonifica con el amor"

ORACIÓN PARA PEDIR PERDÓN A DIOS POR MIS PECADOS.

Oh dios mío bueno y eterno, altísimo señor, en este día vengo hacia ti porque creo que tu presencia, creo en tu amor y en tu santísima misericordia, creo que tu estas a mi lado guiándome y acompañándome cada día de mi vida. Yo creo en que tú sabes mi sentir, mi pensar y mi actuar, pues a ti nada podemos ocultarte, Señor. Tú lo conoces todo, y sabes en tu corazón todas las veces que actuamos bajo tus divinas enseñanzas, pero también sabes todas las veces que hemos caído, que hemos sido débiles y que te hemos fallado, Señor.
por eso que en este día vengo arrepentido a pedirte perdón, Padre. Con un corazón contrito vuelto en ti y te pido que me perdones por aquellas faltas cometidas, por aquel pecado que tanto daño me hice, no solo a mí, sino también a todos los que me rodean y sobre todo a ti, mi dios maravilloso. Reconozco que soy débil amadísimo señor, la fuerza de voluntad no me alcanza para evitar caer en tentación, para no ceder ante las provocaciones del enemigo.
Reconozco señor que no he ´puesto resistencia, que he caído con facilidad y he pecado, y aunque se que tú todo lo conoces de mí. Hoy vengo hacia ti a reconocer mis culpas, pues necesito pedirte perdón con claridad de conciencia por a ver actuado mal no solo de obra, sino también de pensamiento y de omisión.
Perdóname señor, adorado, por todas las veces que te he fallado, por todas las veces que te prometí que iba a cambiar y volví a caer una y otra vez, Perdóname santo padre, por las mentiras que te he hecho, por mis malos pensamientos, perdóname por sentir odio, envidia o rencor, por sentir celos de la bendición ajena y por aquellos deseos profundos que no son dignos de ti, oh precioso bendito Jesús.

Te pido perdón también mi dios por todas las personas que les he causado dolor o tristeza con mis palabras o con mis actitudes, por aquellas heridas que he provocado en mis familiares, en mis amigos, en mi pareja, y hasta incluso, con mis hijos. Perdóname papá dios te lo pido por favor, por no ser un ejemplo para los demás. Me siento tan pequeño, tan miserable, que solo puedo conocer mis faltas, Señor y mirar a lo alto del Cielo para darme cuenta de cómo es de que me alejado de ti a causa de mi pecado.

Perdóname si he fallado a tu nombre y a tus mandamientos. Perdóname si con mis acciones te he dicho que no te amo, pero quiero decirte en mi oración, Señor, que te amo con todo mi corazón que estoy realmente arrepentido y quiero transformar mi vida para siempre, quiero que me des una oportunidad para seguir adelante, porque sé que eres un dios justo y misericordioso.

Se que t siempre guardas un lugar para el que se arrepiente de sus fallas, es por ello que me presento ante ti con todo lo que soy y todo lo que tengo, sin máscaras ni pesadillas, pues me reconozco pecador, pero también sé que, por tu bendita misericordia, seré restaurado, porque sé que tú no me sueltas ni me soltarás y me levantarás con tu diestra victoriosa.

Por eso mi amado padre, te pido en esto momentos que me ayudes a seguir adelante, que me des las fuerzas necesarias para no caer en tentación y aunque sea inevitable, me ayudes a luchar con todo el corazón para evadir ese tipo de situaciones, guíame por senderos del bien y santidad para alcanzar tu gracia, Señor porque yo creo en ti y en tu amor que todo lo puede, y sé que con tú ayuda podré ser la persona que tu quieres que sea. Te acepto en mi corazón.

Gracias amado padre, porque tu misericordia no tiene límites, porque tú haces nuevas todas las cosas, Gracias por mirarme con amor a pesar de mi fragilidad, a pesar de mi pecado, muchas gracias señor amado por recibir de nuevo este corazón que solo quiere amarte y adorarte todos los días de su vida, en nombre del perfecto señor Jesucristo. Amén

DÍA 19

RECONSTRUYENDOME CON MIS PALABRAS

Estas decidido en rediseñar tu vida elige transformar radicalmente tu lenguaje de otra forma no lograrás tu rediseño que te lo mereces por derecho de estar con vida.

¿Por qué tus palabras? Porque construyen el poder que tienes para crear, mediante las palabras expresas tu creatividad: lo rebelas todo. Independientemente de la lengua que hables, tu intensión se pone de manifiesto a través de las palabras. Lo que sueñas, lo que sientes y lo que realmente eres, lo muestras por medio de las palabras.

- Lo que sale de tu corazón a la boca es lo que tú tienes dentro en tu ser.
- Si honras tus palabras, te estas honrando a ti mismo; si te honras a ti mismo, te amas.
- Eres auténtico y te haces responsable ante los demás ganando credibilidad y confianza ante los demás y ante ti mismo.
- Es lo más importante y más retante de cumplir.
- Es tan importante que sólo con cumplir tú palabra ya serás capaz de alcanzar el nivel de existencia que yo lo llamo "Nuevo Despertar de conciencia"
- Mediante tus palabras expresas tu poder creativo, lo revelas todo, Independientemente de la lengua que hables.
- No son solo sonidos o símbolos escritos. Son una fuerza de poder que tienes para expresar y comunicar, pensar y en consecuencia para crear los resultados de tu vida.
- Son magia pura de Dios, si la utilizas mal se convierten en magia negra para tu vida.

- La mente humana es como una semilla muy fértil que crece cualquier semilla que le siembres, siembras amor u odio.
- Todo inicia con lo que te dices a ti mismo.

Has escuchado esta Creencia: "Las palabras se lo lleva el viento"
La palabra no se lo lleva el viento y penetra a tu subconsciente es una espada de doble filo.
Ve a tu infancia y recuerda que los golpes ya no te acuerdas las palabras sí.
- Eres un inútil
- Eres un oficioso
- No sirves para nada
- Eres torpe
- Eres un flojo
- No llegaras a nada
- No espero nada de ti
- No eres mi hijo
- Me desgraciaste la vida desde que naciste tú.
- Me decepcionantes

Ve a tu infancia y recuerda las palabras que te marcaron.
....
....
....
....
....
Somos lo que somos gracias a las palabras que hemos recibido

- En tu boca tienes el poder de la vida o la muerte, tu libertad o tu esclavitud.

- SER impecable es que no atentar contra ti mismo o contra demás
- De la abundancia del corazón habla la boca.
- Que cosas tengo en mi subconsciente.
- La neurociencia estudió que se nos pasan 60 mil a 90 mil palabras por día.

Un pensamiento es un juego de palabras que nos decimos a nosotros mismos.
....
....
....
....

¿Qué te dices a ti mismo?
Es que tengo que decirme mis verdades
....
....
....
....
....

¿Quiénes estas construyendo o destruyendo con tus palabras?
Es que tengo que decirle sus verdades
....
....
....
....
....

10 pensamientos de repiten

Es que No puedo
Es que No nací para esto
Es que soy viejo
Es que soy joven
Es que no tengo tiempo

Es que no tengo dinero
....
....
....

7 PASOS PARA RECONSTRUIR TU PALABRA.

LA PALABRA FORMA:

1.- Sistema de creencias..
....

2.-Generan pensamientos..
....

3.- Pensamientos generan sentimientos...

4.- Pensamiento y sentimientos forman nuestra actitud................................

5.- Actitudes repetidas se forman los hábitos...

6.- El conjunto de hábitos forman nuestro carácter.....................................

7.- Acciónes...
....

7.-Finanmente aparecen sus resultados..

EVALÚATE

¿Qué estás leyendo?
....
....

¿Qué escuchas y observas?
....
....

¿A quiénes estás haciendo caso?
....
....

¿Qué te estás diciendo a ti mismo?
....
....

- El cerebro recibe órdenes de acuerdo a lo que tú deseas.
- El cerebro produce 60 mil pensamientos por día
- ¿Qué verbalizas mentalmente?
- Vamos a tener que cambiar lo que nos decimos, cambiar de entorno.
- La solución sería, cambiar mi mente de pobre a rico.
- Estructúralo de acuerdo a lo que tú deseas vivir.

LAS 5 (P) PARA TU MUEVA FORMA DE HABLARTE
Lo hablas mañana tarde y noche
1.- Primera personal...
2.- Tiempo presente..
3.- Positivo..
4.- Perseverante..
5.- Poder...

EJEMPLO:
Yo estoy gozando de una salud perfecta, hoy 17 de marzo del 2023 en mi casa de los Olivos gracias, gracias y gracias.

Yo soy libre financieramente, en este momento y así será toda mi vida, cuento con 15 fuentes de ingresos pasivos de 50 mil dólares al mes, que día a día va creciendo, me siento bendecido y feliz por ello gracias, gracias y gracias.

Escribe un ejemplo mínimo cómo si ya eres la persona que sueñas SER en cada área de tu vida. (rico en todo)

1.- EMOCIONES:
....
....
....
....

2.- MENTAL:
....
....
....
....

3.- SALUD Y CONDICIÓN FÍSICA:
....
....
....
....

4.- CARÁCTER:
....
....
....
....

5.- ESPIRITUAL:
....
....
....
....

6.- PAREJA:
....
....
....
....

7.- FAMILIA:

....
....
....
....

8.- SOCIAL
....
....
....
....

9.- FINANZAS
....
....
....
....

10.- CARRERA PROFESIONAL O NEGOCIOS
....
....
....
....

11.- CALIDAD DE VIDA
....
....
....
....

12.- VISIÓN D DE VIDA (integra todas las áreas)
....
....
....
....

Á PARTIR DE HOY USARÉ UN LENGUAJE TRANSFORMADOR

Comprométete contigo mismo que vas a usar un lenguaje impecable que te edifique a la vida de tus sueños.

- Construye nuevas creencias a través de tu nuevo lenguaje.
- Que tus resultados sean la gran evidencia de tu transformación.
- Hoy toma conciencia de esas conversaciones internas. Es hora de cambiar esas conversaciones carajo.
- Vamos a ser un acuerdo hoy que no eres nada de lo que tú crees que eres o te dijeron. Tu eres esencia pura de Dios.
- No eres bruto eres inteligente, tienes todo el poder en ti, solo necesitas creer en ti.
- Tienes toda la capacidad interior de que ese sueño se haga realidad en tu vida. Si tienes la capacidad de soñar también tienes la capacidad de hacerse realidad.
- Déjate de tonterías de vainas y vamos por esa vida que te mereces, porque tienes toda la capacidad.
- A partir de hoy háblate palabras que te construyan.

EL SILENCIO

La única manera de escuchar tu vos interior y lo que te quiere revelar es acallándote para que empiece a manifestarte lo que dios te quiere revelar.

Que retante es darnos un espacio para nosotros, siempre yo me estaba postergando y casi nunca me daba cuenta para darme tiempo.

A partir de hoy elige dedicarte los primeros 10 minutos para ti escuchando tu corazón.

Sal a caminar por el bosque o el parque más cercano.
Ve a la playa a leer
Ve a comer contigo
Has acciones solo para ti que te llenen de felicidad.

DÍA 20

DÍA DE LA CONFIANZA

Mirad las aves del cielo, que no siembran, ni siegan, ni recogen en graneros; y vuestro **Padre celestial las alimenta.** ¿No valéis vosotros mucho más que ellas? [27] ¿Y quién de vosotros podrá, por mucho que se afane, añadir a su estatura un codo? Y por el vestido, ¿por qué os afanáis? Considerad los lirios del campo, cómo crecen: no trabajan ni hilan; pero os digo, que ni aun Salomón con toda su gloria se vistió, así como uno de ellos. Y si la hierba del campo que hoy es, y mañana se echa en el horno, Dios la viste así, ¿no hará mucho más a vosotros, hombres de poca fe? No os afanéis, pues, diciendo: ¿Qué comeremos, o qué beberemos, o qué vestiremos? Porque los gentiles buscan todas estas cosas; pero vuestro Padre celestial sabe que tenéis necesidad de todas estas cosas. [33] Mas buscad primeramente el reino de Dios y su justicia, y todas estas cosas os serán añadidas.
Mateo 6:26-23

"Nunca serás tú, mientras no dediques a hacer lo que mejor sabes hacer"

Recuerdo un día a mi padre como nunca lo hacía conmigo me confió su dinero
Un día le preguntaron a ARTURO es parte del programa Shark tank de México.
Empresario con más de 30 mil empleados cuál era su secreto para mantener a su personal el respondió ¡CONFIANZA!

¿EN QUÉ TE BASAS PARA CONFIAR? Por su vestimenta, por sus lindas palabras, por el físico, la ropa que usa, porque es conocido de un familiar, tiene dinero, es influyente, tiene poder, etc.

HAY 3 DISTINCIONES QUE TIENES QUE DOMINAR SI SE TRATA DE CONFIAR

COMPETENTE
Recuerdo un día que decidí que mi dinero trabaje para mí, trabaje un año para adquirir un monto considerable de dinero para luego darle a un conocido que lo trabajaría en Forex, al final esa persona hiso una mala inversión y perdió todo el dinero y nuca se hizo cargo.
Me base en la confianza de lo que conocía a esa persona y no si esta persona era competente para trabajar el dinero, obviando los principios de inversión del grande Warren Buffett, que dice nunca inviertas tu dinero en algo que no conoces o con aprendices.
Si hablamos de un puesto de trabajo a veces por bueno y ayudar contratas a un amigo o familiar que no es competente para ese puesto, pero lo contratas por ser amigo. No confundas las relaciones.
Para que puedas diferenciar personas competentes tú tienes que convertirte en competente en lo que hagas.

CONFIDENCIALIDAD

Imagínate que secuestraron a tu familia y tú eres el único que te liberan para que juntes medió millón de dólares para rescatar a tu familia y te dan una semana. Llegó el día llegaste a reunir el dinero, pero tú no puedes moverte porque te enfermaste. ¿En qué te basarías para confiar todo ese dinero para que le entregue y pueda ser tu familia liberada?

HONESTIDAD

Esta habilidad si se requiere de un tiempo para lograr confía, si no es así lo puedes comprobar rápidamente.

Por ejemplo, un día llego a la oficina de mi trabajo que me desempeñaba como dibujante de planos, limpiando la oficina del ingeniero encontré 200 soles, me sorprendí y al final los subí al mueble porque mis padres desde niño me enseñaron a ser horrado y cuando llegó en ingeniero le dije que se le habían caído.

Después de ese hecho el me entregó las llaves de su casa me puso administrador de un grupo de practicantes para enseñarles.

Recuerda siempre si tu Heres honesto contigo mismo será más sencillo ser honesto con los demás

PASOS PARA GANAR CONFIANZA EN TI

1 DEJA DE COMPARARTE CON LOS DEMÁS Y ENFÓCATE EN TU CAMINO
2 TRABAJA TUS DONES (expande en excelencia)
comunicación
La gratitud se enfoca en las cosas que ya tienes abundancia. Cuando pides te enfocas en la escasez
3 PLANIFICA A DIARIO EL CAMINO
4 ELIMINA A LAS PERSONAS NEGATIVAS Y LAS QUE TE HACEN SENTIR INFERIOR
La gente que se sienten inferiores te hará vajar de nivel
Idéntica lo invisible lo visible.
O has un gesto que nunca arias (rompe un patrón) reacondiciónales
5 TENER TU PROPÓSITO CLARO EN LA VIDA Y SABER DIARIAMENTE COMO CONSEGUIR TU PROPÓSITO

(las metas son para mejorar en los demás)
Cambia por una misión de vida) misión que cambie tu mundo o el mundo
Como puedo hacer para rediseñar tu vida
Como puedo ayudar a que la gente tenga un propósito en la vida
Yo soy un canal para mejorar la vida de los demás.
Moisés era inseguro
Tienes una causa superior y que el universo tiene un propósito mayor para ti.

5 PASOS DE AUTOCONFIANZA

1. Se que tengo la habilidad de conseguir el objetivo de mi definido propósito en la vida; por lo tanto, exijo de mí mismo una acción persistente y continua hacia su logro.
DEFINE TU OBJETIVO
Me siento feliz y orgulloso de ser una persona de inspiración para la humanidad. Desde este momento pondré toda mi mente, alma, espíritu y acciones para inspirar y despertar el poder interior de la humanidad para que viven de su propósito.

2. Me doy cuenta perfectamente que los pensamientos dominantes de mi mente se traducirán eventualmente en una acción interior y física por consíguete centraré mis pensamientos durante 30 minutos diarios en la tarea creando la persona que quiero ser creando así una clara imagen mental del logro.

30 minutos al día en visualizar
¿En quién me quiero convertir para lograr ser el mentor de impacto?
en un ser auténtico, amoroso, arriesgado, servicial, comprometido, responsable, coherente, líder, humilde.

3. Tercer principio: Se que mediante el principio de la autosugestión cualquier deseo que sostenga con persistencia eventualmente buscará su expresión mediante algún sistema práctico de obtener el objetivo en consecuencia, dedicaré 10 minutos diarios en exigir de obtener el objetivo en obtener autoconfianza.

Repetición
Impactos emocionales

4. He escrito claramente una descripción de mi definido objetivo en la vida y nunca dejaré de leerlo hasta que se haya desarrollado la suficiente confianza en mi mismo con respecto a su logro.
Estas preparado cuando no tienes ninguna duda (cuando sabes que sabes que sabes)

NADIE SE HACE GRANDE DESCONFIANDO DEL MUNDO

"El precio de la grandeza es la responsabilidad del pensamiento" Conviértete el milagro

Yo seré la persona que quiero ser

DÍA 21

PARA ROMPER LÍMITES Y ENFRENTAR A TUS MIEDOS.

"Si quieres tener algo que nunca has tenido tienes que empezar ser y hacer acciones que nunca haz hecho"

Todo lo nuevo da temor, miedo, incomodidad es normal nuestro cerebro por naturaleza es así no le gusta gastar energía, sin embargo, paralizarte y no actuar a pesar de que tu corazón está decidido a seguir eso es desconexión de tu esencia original.

Entiende que el miedo no existe lo creamos con nuestro pensamiento, en imaginarnos todo lo mal que está por venir, cuanto más contaminada este tu mente más pensamiento de terror creará que será muy difícil cambiarlos.

- La vida no es lo que tú crees que es, si no es una interpretación de tus creencias.
- Cuando yo puedo lograr la percepción de tu pasado cambias la realidad

"Sólo aquellos que se arriesgan ir demasiado lejos, descubren lo lejos que pueden llegar"

A partir de hoy imagínate que estas muerto, puedes cerrar tus ojos y mirarte en el cajón sin vida.

Se acabó todo el dolor, sufrimiento, apego, formas de ser que no funcionan como: Timidez, lujuria, el orgullo, dureza, no ser comprometido, irresponsable, depresión, renegón, ansiedad, etc. Todo se acabó.

¿Cuáles sería las últimas palabras que dirías a tu último adiós de cuerpo presente?

Y de pronto como un milagro escuchas una voz que te dice ¡Aun no es tu momento despierta!

Ahora vas a crear un contrato nuevo de formas de ser que si funcionen mínimo 3 que trabajarás intensamente durante un año entero.

Ahora escribe en que tiempo de ser humano te convertirías en esta nueva oportunidad de vida que Dios te esta regalando.

Te comparto mi contrato que trabajé primero.

YO SOY UN HOMBRE AMOROSO, COHERENTE, ARRIEZHADO Y HUMILDE.

Todos los días a partir de hoy vas a empezar a modelar tus nuevas formas de ser recuerda que eres nuevo ser humana si renaciste entre los muertos para cumplir un propósito.

Anota tu contrato y lo escribes grande y lo vas a escribir por todos lados para que te recuerde todos los días el gran ser humano que ahora eres.

"La vida empieza después de la zona cómoda"
Atrévete a partir de hoy en ser un ser humano de amor como nunca eres antes y hacer acciones que nunca asías antes.

MENSAJES DE GRATITUD Y ABUNDANCIA

Tienes que llegar a la gratitud de todas las personas que enemigas, porque gracias a esas experiencias te permitieron buscar ayuda y sanar tu vida para llegar a la verdad y esa verdad te hace libre.

EJERCICIÓS PARA SEGUIR LIMPIENDO LA MENTE

Comprométete en hacer esas conversaciones profundas con tus seres que más amas. No te imaginas las relaciones que construirás

TE MOSTRARÉ MI SISTEMA PARA CADA DÍA LO QUE HAGO

Escoger y mostrar las actitudes correctas

Decidir y actuar según prioridades importantes

Conocer y seguir pautas saludables

Practicar y desarrollar un buen pensamiento

Hacer y cumplir compromisos adecuados

Ganar, retener e invertir tu dinero

Profundizar y practicar tu fe

Iniciar e invertir en relaciones sólidas

Planear y ser modelo de generosidad.

Aceptar y practicar nuevos valores

Buscar y experimentar mejoras.

CREA TU PROPIA LISTA DE TU INTERÉS A TRABAJAR Y PRACTICA CADA DÍA DE MODO QUE PERMANEZCA EN EL CAMINO Y SIGA EXTENDIENDO SU POTENCIAL.

Recuerda siempre: "Allá afuera las personas mueren diariamente porque no tienen tus regalos, es momento de compartir lo que Dios ha colocado en tu corazón vívelo hónralo y entrégalo, te amo que Dios y el universo te bendiga hoy y siempre manifiesto conocerte campeón muy pronto".

REPITE CONMIGO

MANTRA DE ELOGIO

Mírate al espejo y háblate desde todo tu amor y sinceridad, te veo creciendo, conectando, encaminado a tus sueños, amoroso, coherente, responsable, fluyendo, libre, suficiente, líder, hermoso, disfrutando la vida, en paz, el dicha, sanando tu voz, tomando decisiones desde el alma, etc. Hoy lo viviré al máximo porque es el único día que tengo para vivirlo a lo grande. Te amo

¿QUÉ HACER AHORA?

CONTINÚA PRACTICANDO LOS EJERCIOS Y TE INVITO A LLEVAR PROCESOS TRANSFORMACIONALES NO PORQUE LO NECESITES SINO PORQUE TE LO MERECES DONDE VIVAS Y CREES EXPERIENCIAS DE IMPACTOS EMOCIONALES PARA SEGUIR REPROGRAMANDO TU MENTE SUBCOPNCIENTE.

Hay dos formas de lograr tu transformación personal que complemente la lectura que acabas de leer en tu vida para siempre.

1. Seguir actuando a tu manera leyendo y no practicando quedándote con tu razón menos crear nuevos resultados.
2. Buscando un mentor l y dejarte guiar para que te muestre las herramientas y el camino que tienes que recorrer eso te llevara a ahorrar tiempo, energía y dinero. ¿Ahora tú que eliges?...

Afirmaciones de merecimiento (repite 30 días seguidos en la mañana y noche)

Recuerda que los resultados que tenemos es solo lo que nos hemos permitido

hoy puedes darte la oportunidad de llevar tu merecimiento a otro nivel con esta herramienta.

PODEROSO TRATAMIENTO DE MERECIMIENTO

Merezco todo lo bueno en mi mente tengo libertad absoluta. Yo......(tu nombre completo) entro a un nuevo espacio de conciencia en donde me veo de forma diferente, estoy creando nuevos pensamientos acerca de mi SER y de mi vida. Por lo tanto, recibo multitud de bienes la totalidad de las posibilidades está ante mí.

- Merezco tener buena salud perfecta ahora.
- Me doy permiso para hacer todo lo que puedo hacer.
- Merezco y me doy permiso de recibir la información, herramientas y metodologías que me ayudarán a transformar mi vida.
- Me doy permiso para relacionarme con personas que me reten crecer.
- Merezco lo mejor de la vida.
- Me amo y amo y aprecio a los demás.
- Me abro a las alegrías de la vida merezco y acepto lo mejor que me ofrece.
- Me amo y me apruebo merezco gozar de la vida acepto todos los placeres que la vida me ofrece

- Solo creo paz y armonía en mi interior y a mi alrededor merezco sentirme bien.

- Merezco lo que deseo y lo acepto con alegría y placer.

- Merezco ser amado, respetado y admirado.

- Merezco relaciones saludables.

- Merezco crear y vivir las mejores experiencias de mi vida.

- Merezco finanzas saludables.

- Merezco ser amado, edificado y valorado.

- Soy suficiente y merecedor (a) de todo, hoy me abro las puertas a toda la abundancia que se me ha otorgado.

- Merezco vivir libre de cargas y disfrutar de los regalos de la vida y hoy me doy el permiso.

LISTO PARA VIVIR DESDE TU NUEVA IDENTIDAD

MANTRAS PARA EMPEZAR EL DÍA

- Soy un ser en constante crecimiento y cada día hago todo lo que esta en mi mano para elevarme como persona

- Soy perfecto (a) tal y como soy.

- Soy suficiente y no necesito mostrar mi valía ante nadie.

- Aquello que aún no domino, no es más que me está enseñando a crecer.

- Irradio amor para todos aquellos que me rodean.

- Soy paz, y paz es lo que transmito con mi presencia en forma de ser.
- Merezco ser feliz y decido ser feliz.
- Tomo la decisión consiente de no dejar que las palabras me hieran, pues como yo en otros tiempos los demás también pasan por no tan buenos momentos.
- Merezco todo lo bueno que me pase y con mi gratitud atraigo mayor energía positiva aún.
- Siento gratitud por cuanto tengo en la vida.
- Estoy listo y preparado para recibir mayor abundancia y prosperidad.
- El día de hoy es un milagro y doy gracias por vivirlo en plenitud.
- Mi paz interior y mi bienestar soy mi mayor prioridad.
- Soy sexy y e perdono por todas las veces que no me día en amor que merezco.
- Estoy en armonía con el universo ara llegar a conseguir todo lo que me proponga.

SE INMUNE DEL ESTRES, MIEDO Y PREOCUPACIONES CON E PODER DE LA GRATITUD.

A partir de hoy te invitamos a tener tu diario de gratitud para que cada día te dediques por lo menos 5 minutos a escribir de todo lo que te sientes agradecido.

La gratitud es una de la más poderosa fuerza de alta vibración del universo (regálate la oportunidad de sentir en lo más profundo de tu ser) lo dominaras con la práctica diaria.

Este hermoso día tiene para ti sorpresas agradables todo lo que llega a tu vida en este día viene mostrarte oportunidades maravillosas detrás de cada persona detrás de cada situación siempre llega una bendición puedes repetir conmigo en voz baja o mentalmente.

Agradezco este día lleno de posibilidades y oportunidades para crecer y aprender.

Agradezco por la oportunidad de vivir un día más rodead@ de las personas que amo y que me aman hoy me enfocaré en lo positivo y agradeceré hasta por las pequeñas cosas que hacen mi vida maravillosa.

Agradezco por mi trabajo y la oportunidad de hacer una diferencia en el mundo estoy agradecido (a) por mi vida por mi salud y la energía con que me levanté por mi bienestar que me permiten enfrentar este día con entusiasmo y determinación.

Hoy es un nuevo día lleno de oportunidades y estoy agradecido (a) por la oportunidad de vivirlo al máximo, agradezco por mi vida por mi salud y mi bienestar me comprometo a cuidar de mí mismo y a cuidar de mi cuerpo, de mi mente y purificar mi alma.

Siento una inmensa gratitud por mi existencia Gracias por el maravilloso regalo de la vida y aprender.

Siento infinita gratitud por ser quien soy por estar donde estoy y sentir.

Agradezco por la oportunidad de aprendizaje Gracias por estos minutos que me tomo para mí poder meditar poder agradecer por este tiempo para bendecir mi día.

La gratitud hace que mis días fluyan de manera correcta y perfecta.

Finalmente te agradezca de todo corazón por darte la oportunidad de trabajar en tu vida, junto con nosotros.

Te reconozco por tu apertura, por tu amor, compromiso, responsabilidad, humildad, el esfuerzo, energía, cada lagrima que tuviste que soltar, por cada emoción, frustración, fallas… para lograr empezar y terminar en excelencia tu rediseño.

Ahora te veo y te siento un ser humano amoroso, arriesgado, autentico, líder, libre, humilde, libre, feliz, creyéndosela, eligiéndote cada día, con amor propio, con estima saludable, relaciones saludables, finanzas saludables y fluyendo tus emociones como el agua.

Eres suficiente y merecedor de todo con el simple hecho de existir. Te amo

Estas a una decisión más valiente de seguir tu proceso de transformación de tu vida para siempre viviendo experiencias inolvidables en nuestros programas transformacionales.

Contáctanos: 998933606 Lima – Perú

correo: ricardolibertad06@gmail.com

Agenda tu sesión de diagnóstico sin costo para conocer tu caso y te compartiré un ejercicio profundo para expandir tu mente y conciencia, además te compartiré el paso a paso como continuar trabajando en tu ser. Recuerda que el secreto está en aceptar, sentir y soltar. vive tus emociones.

Si decidiste transformar tu vida no pongas fecha tu transformación empezó hace 21 días ahora piensa, siente, actúa desde esa nueva identidad, crece, expande tu sabiduría y lleva tu vida al siguiente nivel. Te veo grande y Brillando

¿Puedo perderte un inmenso favor?

Envíame tu experiencia con la lectura y las bendiciones que han llevado a tu vida el libro 21 días para rediseñar tu vida.

Solo con 3 simples pasos

1. Tomare e una foto con el libro
2. Escribe tu experiencia y cómo te ha bendecido y ayudado a lectura
3. Envíame por email a ricardolibertad06@gmail,com

Me encantará conocerte y saber de qué forma ha mejorado tu vida.

GRACIAS GRACIAS GRACIAS
TE AMO

SIGUENOS EN LAS REDES SOCIALES

INSTAGRAN: Ricardoseminariors
FECEBOOK: Ricardoseminariors
TIK TOK: Ricardoseminariors
YOU TUBE: Ricardo seminario

Este código QR te llevará a tener toda la información sobre la academia "SER DE IMPACTO" y nuestros servicios.

Ricardo Seminario
Cuenta de empresa de WhatsApp

Made in the USA
Middletown, DE
15 July 2024

57065030R00092